Johannes Engelke | Karin Weber
Jacob Thomas | Maren Ziegler

WIR KINDER DER 90ER

Alles, was wir damals liebten (und was uns heute peinlich ist)

GOLDMANN

Wir haben uns bemüht, alle Rechteinhaber ausfindig zu machen, verlagsüblich zu nennen und zu honorieren. Sollte uns dies im Einzelfall aufgrund der schlechten Quellenlage bedauerlicherweise einmal nicht möglich gewesen sein, werden wir begründete Ansprüche selbstverständlich erfüllen.

Sollte diese Publikation Links auf Webseiten Dritter enthalten, so übernehmen wir für deren Inhalte keine Haftung, da wir uns diese nicht zu eigen machen, sondern lediglich auf deren Stand zum Zeitpunkt der Erstveröffentlichung verweisen.

MIX
Papier aus verantwortungsvollen Quellen
FSC® C021956
www.fsc.org

Verlagsgruppe Random House FSC® N001967

Dieses Buch ist auch als E-Book erhältlich.

1. Auflage
Originalausgabe

Neumarkter Str. 28, 81673 München
Umschlag: Uno Werbeagentur, München
Umschlagmotiv: FinePic®, München
Layout: Anja Laukemper
Druck und Bindung: Alcione, Trento
Printed in Italy
Kö · Herstellung: CB
ISBN 978-3-442-17726-4
www.goldmann-verlag.de

Besuchen Sie den Goldmann Verlag im Netz:

»GEH AUS DEM INTERNET, ICH WILL TELEFONIEREN.«

»HI!«*

Geht es Euch auch manchmal so, dass Ihr Euch mit Freunden zufällig über die Neunzigerjahre unterhaltet und dabei total die Zeit aus dem Blick verliert? So war es auch bei uns. Unzählige gemeinsame Kaffee-, Zigaretten- und Mittagspausen haben wir mit Schulgeschichten und Kindheitserinnerungen verbracht, und dabei abwechselnd geschmunzelt, gelacht oder den Kopf geschüttelt.

Wir vier sind zwischen 1978 und 1986 geboren, und das prägende Jahrzehnt unserer Kindheit und Jugend waren damit die Jahre zwischen dem Mauerfall und der Einführung des Euro. Solange wir zurückdenken konnten, gab es nur Kanzler Kohl, Privatfernsehen war das Nonplusultra, und die beginnende Digitalisierung der Welt nahm langsam an Fahrt auf. Wir kennen beides: sowohl das Gefühl, zum Telefonieren mit Freunden bis zum Abend warten zu müssen, wenn die Minutenpreise endlich günstiger waren, als auch die Freiheit der ersten Handys. Wir trugen Neonzöpfe oder Bandanas, Radlerhose oder Baggypants, unser Lauschgift waren Nirvana, Blümchen, die Fugees, Dr. Alban, Freundeskreis, Scooter oder der Wu-Tang-Clan, und wir aßen im Freibad BumBum und Erdbeerschnüre.

Irgendwann sagten wir uns alle »Ich möchte Teil einer Jugendbewegung sein«, und suchten uns die passenden Trends dieser wilden und ganz und gar nicht langweiligen Dekade aus. Als Kinder des »Jahrzehnts des Individualismus« mussten wir uns ständig abgrenzen und irgendwie besonders sein. Das begleitet uns (und viele von

Euch sicherlich auch) teilweise bis heute. Und so kamen bei unseren Gesprächen auch einige ganz typische Neunziger-Grundsatzdebatten wieder auf: Lamy oder Pelikan?, Skateboard oder Inlineskates?, Kelly Family oder Michael Jackson?

Es entstand die Idee, ein Buch über die Neunzigerjahre zu schreiben, ein Sammelsurium von 99 Dingen aus »unserem Jahrzehnt« – für uns und alle anderen »Kinder der Neunziger«.

Als wir die Liste mit unseren Highlights fertig hatten und bestimmen mussten, wer welchen Text schreibt, gab es oft nur ein Entscheidungsverfahren: Schnick-Schnack-Schnuck. Als wir uns später unsere Texte gegenseitig zu lesen gaben, wurde es spannend, wie unterschiedlich wir die Dinge und das gemeinsame Jahrzehnt erlebt hatten – sogar bei so etwas Banalem wie einem Füllfederhalter.

Und auf diese Weise ist ein buntes Durcheinander entstanden, das nicht den Anspruch auf Vollständigkeit erhebt, sondern einfach zum gemeinsamen Ein- und Abtauchen in die Neunziger einlädt. Vielleicht findet ihr euch, wie wir uns, in ein paar der folgenden Dinge wieder…

Viel Vergnügen,

Karin, Jacob, Johannes und Maren

* Ein Buch über die Neunziger muss zwangsläufig mit dieser Grußformel beginnen!

1

Game Boy

PLING

Und das digitale Spiel begann …

Von Nintendo 1989 entwickelt, erlangte er seinen Durchbruch Anfang der Neunziger mit den legendären Spielen Tetris, Super Mario und Zelda: der Game Boy. Wir huldigten unserem Alltagsbegleiter mit dem willigen Verprassen unseres Taschengeldes für Spiele (Darkwing Duck, Spider-Man, Batman, später Pokémon) und Accessoires (Hartplastik-Tragetasche, Lichtlupe für nachts unter der Bettdecke, Kamera und Pixelprinter) und widmeten ihm endlose Nachmittage, sonntägliche Oma-und-Opa-Fahrten aufs Land und natürlich lange Sommerurlaube. Die Abhängigkeit von ihm wurde für manche von uns obsessiv und zuweilen sogar destruktiv. Wer mit einem leichten Hang zum Jähzorn ausgestattet war, wurde von einigen Spielen in seiner inneren Balance stark herausgefordert (man denke an diese eine große Schlucht bei Batman). Aber man kam einfach nicht vom Game Boy los.
Der Soundtrack unserer Kindheit klang so: Zuerst das Klicken, wenn die Spielkassette im Schlitz einrastete, dann – klack! – der Startknopf und das Knistern des Bildschirms, gefolgt vom Sound des Nintendo-Logos und schließlich das Erklingen der Spielmusik. Legendär ist der Tetris-Soundtrack, den bis heute immer dann jemand anstimmt, wenn es gilt, einen Umzugswagen mit vielen unterschiedlich großen Kisten zu bepacken.
Mit dem Game Boy zog es uns zum ersten Mal in die Welt der digitalen Spiele, und was in der Pubertät mit LAN-Partys, PC- und Online-Games weiterging, nahm mit dem Game Boy seinen Anfang. Pling.

OFF·ON
DOT MATRIX WITH STEREO SOUND
BATTERY
I ♥
TETRIS
Nintendo GAME BOY TM
B
A
SELECT
START
PHONES

2

BumBum

Das verrückteste Eis, das es je gab

Wenn man nicht schon mit dem ersten Ferientag in Richtung Adria fuhr, war der Ort der größtmöglichen Freiheit das Freibad. Es roch nach fettigen Pommes, Sonnencreme und einem Hauch Chlor. Nackte Füße flatschten über den Beton zwischen dem Springerbecken und der Wasserrutsche. Nochmal rutschen? Oder in den Arschbomben-contest einsteigen, der sich am Dreimeterbrett ankündigt? Egal. Weil jeder mal eine Pause brauchte, rannten wir noch klatschnass zum Kiosk. 85 Pfennige kostete es, das verrückteste Eis, das es je gab. Die durchsichtige Plastikhülle knisterte herrlich beim Aufreißen und endlich hielten wir es in der Hand: das BumBum. Wir mussten aufpassen, dass es uns nicht aus der Hand rutschte, denn der kleine blaue Plastikstiel konnte das Eisungeheuer kaum halten, das uns so herrlich knallrot anlachte. Ein paar Bissen von diesem pappsüßen Etwas und der Zucker explodierte in unserem Mund. Lippen und Zunge glänzten danach in sattem, künstlichem Rot. Doch damit nicht genug: Die blaue, klebrig-glitschige, aber immer hartnäckige Plastikfolie musste vom Stiel abgezogen werden, damit wir den noch halb gefrorenen Kaugummi mit einem Knacken anbeißen konnten. Der verlor zwar schon nach spätestens zehn Sekunden den Geschmack und fühlte sich beim Kauen an wie Gummi, aber das machte gar nix.
Wir wussten damals natürlich noch nicht, dass diese coolste Ikone der Neunziger ihren Namen dem Wimbledon-Doppelerfolg von Boris »Bum-Bum« Becker verdankte und einem Tennisschläger nachempfunden worden war. Es wäre uns auch egal gewesen, denn Tennis war etwas für Erwachsene, die weiße Socken in Sandalen trugen. Doch dieses Eis – dieses Eis war für uns!

3

Stickeralbum

Der wohl wertvollste Besitz eines jeden Zehnjährigen

Wir hüteten es wie einen Schatz. Wer protzen wollte, besaß die Version in Din A4, die Stilsicheren unter uns zeigten mit einem kleineren Album Geschmack. Außerdem galt: Je bunter das Heft, desto cooler der Besitzer. Arm dran war, wer von seiner Großmutter ein einfarbiges Exemplar geschenkt bekommen hatte.
Im Gegensatz zum Sammelalbum für Panini-Aufkleber besaß das Stickeralbum eine Kunststoffoberfläche, die es erlaubte, die farbigen Klebebildchen wieder abzuziehen und zu verhökern oder, in den meisten Fällen, zu tauschen.
Wir dealten unter der Sitzbank oder in der Fünfminutenpause, in der sich das Klassenzimmer in einen Schwarzmarkt der Kioskmafia verwandelte. Wer den besten Stoff hatte, war der King. Wortwörtlich: Denn die mit Stoff überzogenen Sticker, auch »Stoffis« genannt, waren selten und daher unsere beste Tauschware. Für einen Stoffi konnten wir problemlos bis zu drei Glitzersticker eintauschen. Wer sich mit seiner Ware nicht auskannte, wurde gnadenlos über den Tisch gezogen. Es konnte vorkommen, dass ein ahnungsloser Tropf einen kostbaren kleinen Fellsticker gegen einen profanen großen Werbeaufkleber tauschte. Dabei wussten wir damals schon alle: Auf die Größe kommt es wirklich nicht an!

»Wer sich mit seiner Ware nicht auskannte, wurde gnadenlos über den Tisch gezogen.«

VIEL BEINFREIHEIT

SCHÖN LUFTIG

4

Radlerhose

Das perfekte Outfit für den Sommer

Gewagte Farbkombinationen, auffällige Muster und natürlich enganliegend – die Radlerhose. Was mittlerweile in viel dezenterer Ausführung nur noch Hobbysportlern und Radprofis vorbehalten ist, war in den Neunzigern allgegenwärtig. Jeder hatte sie. Ob mit bunten geometrischen Formen oder romantischen Blumenmotiven – die Radlerhose schmückte Kinder-, Frauen- und Männerbeine. Und das längst nicht nur zum Fahrradfahren.

Sobald es wärmer wurde, begleitete uns die kurze elastische Hose mit Gummibund in der Taille überallhin. Ganz egal, ob es in die Schule, in den Park oder zu Oma ging. Die Radlerhose war einfach das perfekte Outfit für jede Gelegenheit: viel Beinfreiheit, kein überflüssiger Stoff und schön luftig. Noch dazu konnten wir durch die fantasievollen und farbenfrohen Muster ein modisches Statement machen. Unbegreiflich, dass dieses überaus funktionale und zugleich modische Kleidungsstück einfach sang- und klanglos aus unseren Kleiderschränken verschwand, um viel langweiligeren Sommerhosen Platz zu machen. Aber wer weiß – ihre langbeinige Schwester, die ➳ **Leggins**, feierte ja auch schon ein triumphales Comeback ...

5

Lamy

Der einzig wahre Füller

Uns war schon immer klar: Besitzer eines Füllers, der nach einem Vogel benannt war, hatten offensichtlich selbst einen solchen. Wer wollte schon mit einem ➳ Pelikano, diesem altmodisch wirkenden Ding, schreiben, wenn er stattdessen zum Lamy greifen konnte? Wer nicht spätestens in der dritten Klasse den eklatanten Kauffehler seiner Eltern erkannte und durch sanftes, aber beständiges Quengeln korrigierte, hatte den Schuss nicht gehört.

Ein Lamy Safari war nicht nur unglaublich formschön, er eröffnete uns auch Möglichkeiten, langweilige Mathestunden zu überstehen. Wir konnten ihn wunderbar hüpfen lassen. Dazu stellten wir ihn aufrecht und tippten ihn ganz sanft mit den Fingern an. Schon vollführte der einen phänomenalen Salto über den Clip an seinem Deckel. Einfach unbeschreiblich!

Obwohl bereits Anfang der Achtziger entworfen, trat der Lamy Safari seinen Siegeszug erst an, als er in verschiedenen Farben erhältlich wurde. Wie sollten wir uns aber zwischen all den schönen Farben entscheiden? Mussten wir gar nicht. Wer einen Lamy besaß, war Teil einer großen Tauschgesellschaft. Frei nach dem Motto »Sharing heißt Caring« tauschten wir die abschraubbaren Teile untereinander und hatten fortan nicht nur bunte Füller, sondern auch Erinnerungen an unsere besten Freunde. Ein Lamy war kein einfacher Füller, er war ein Freundschaftsfüller. Und deswegen war er der einzig wahre!

6

Pelikano

Der Minimalist unter den Lernschreibfüllern

Spätestens in der 2. Klasse wurde es schnörkelig: Schreibschrift stand auf dem Stundenplan – und damit das Ganze auch nach etwas aussah, musste ein Füller besorgt werden. Leichter gesagt als getan. Denn die Auswahl war zwar begrenzt, doch die Entscheidung unserer Eltern zwischen Geha, Lamy oder Pelikan führte zu heftiger Lagerbildung im Klassenzimmer. Der »abc« von Lamy war ein grobschlächtiges Ding aus Holz mit kratzender Feder und einem völlig funktionslosen Würfel am einen und einer überdimensionierten Kappe aus Plastik am anderen Ende. Die Gehas mit ihren blöden klecksenden Patronen hatte nur, wer diesen »Pelikano für Arme« von seinen großen Geschwistern geerbt hatte. Der Original-Pelikano war hingegen so etwas wie der VW-Käfer unter den Schreibgeräten. Wegen der metallenen Schutzkappe lag er schwerer in der Hand (besonders, wenn man die Kappe hinten auf den Füller steckte), hatte in den Farbvarianten Blau und Rot eine goldene (wow!) und in den Trendfarben Mint, Pink und Grün eine schwarze (iiih!) Feder sowie ein praktisches Fensterchen im Plastikschaft, um sehen zu können, wann die Tinte alle war. Geschrieben werden durfte allerdings nur in Blau. Spätestens mit dem Wechsel auf die Haupt- oder Realschule oder aufs Gymnasium war dann allerdings der Modernisierungsdruck zu groß: Fast alle von uns besorgten sich dann die Modelle »Joy« oder »Safari« von ➳ Lamy. Schade eigentlich, denn an den Pelikano kamen die nicht heran.

7

Erdbeerschnüre

Von Ranglisten, Freibädern und Susi und Strolch

Jedes Kind hat eine persönliche Rangliste von Süßigkeiten. Sie wird unter strenger Bewertung unterschiedlicher Qualitätskriterien aufgestellt und ist maßgeblich für das psychologische Glücksgefühl von Heranwachsenden. Die Kriterien dieser Liste sind folgende:

- **Geschmack (a)**
- **Form (b)**
- **Farbe (c) und**
- **Preis (d)**

Zu vernachlässigen sind Zuckergehalt, Elternempfehlung sowie Tages- und Jahreszeit.
In den Neunzigern rangierten die Erdbeerschnüre weit oben auf unseren Ranglisten. Fruchtgummischnüre, die herrlich nach künstlichen Erdbeeren schmeckten (a), sich fürs Kettenmachen, Zöpfeflechten und Schnürsenkelbinden eigneten (b), knallrot (c) und relativ günstig waren (d), da einzeln zu kaufen. Besonders in Freibädern wurden Erdbeerschnüre bei uns hochgehandelt, und wir verputzten sie kiloweise auf den heißen Steinfliesen zwischen Tischtennisplatte, Riesenrutsche und Kiosk. In dem einen Sommer, in dem Jungs zwar immer noch Jungs, aber Mädchen keine Mädchen mehr waren, fügte sich still und heimlich ein neues Kriterium auf die Süßigkeiten-Rangliste: der Romantik-Faktor (e). Wir Jungs kapierten es nicht sofort, aber wir empfanden auf einmal ein tiefes Bedürfnis danach, unsere Süßigkeiten mit den Mädels zu teilen und unsere Zeit weniger auf dem Dreiersprungbrett als bei ihnen am Beckenrand zu verbringen. Zuerst brachen wir das Fruchtgummi noch in der Mitte und gaben

den Mädchen eine Hälfte ab. Doch schon bald merkten wir, dass man sich Erdbeerschnüre auch teilen konnte, ohne das Band vorher zu trennen. Es brauchte etwas Überwindung und Mut, aber gegen Ende des Sommers waren die Erdbeerschnüre auf Platz 1 der Rangliste geklettert, und wir alle versuchten, mit den Mädels diese eine Szene aus Susi und Strolch nachzuspielen.

8

My little Pony

Der pastellfarbene Traum aller Mädchen

Apfelbäckchen, Himmelsstern, Schneeflöckchen, Zuckerschnute – die kleinen bunten Spielzeugponys mit den schönen langen Mähnen und den niedlichen Symbolen auf den Flanken waren der absolute Mädchentraum. Sie sahen einfach umwerfend schön aus – wie kleine Pferde-Prinzessinnen. Wir striegelten ihre seidigen Haare mit den dazugehörigen Kämmchen und Bürstchen und dachten uns tolle Abenteuer für die kleine Herde aus. Zwar gab es auch dazugehörige Comichefte, die von den Abenteuern der Ponys erzählten, doch es war viel schöner, sich eigene Geschichten auszudenken.

Besaßen wir mehr als zwei dieser kleinen Pferdchen, hatten wir einen echten Schatz und wurden unglaublich beneidet. Wenn wir weniger gut gestellt waren, war es schon vollste Erfüllung, wenn wir bei der besten Freundin einen Nachmittag lang mit Apfelbäckchen und Co. spielen und die wunderschönen Mähnen pflegen durften. Was ihnen allerdings gar nicht gut bekam, war der Besuch beim »Friseur«. Auch wenn wir nur mit den besten Absichten zur Schere griffen, war das Ergebnis in den meisten Fällen eher traurig: Mit einer modernen Kurzhaarfrisur statt der langen Mähne sahen die Ponys einfach nicht mehr so märchenhaft aus. Mittlerweile gibt es schon die vierte Generation von »My little Pony« und nicht nur eine eigene Zeichentrickserie, sondern auch

Freundschaft ist Magie

Filme, ja sogar ein Musical (!), die sich unglaublicher Beliebtheit erfreuen. Doch jedes Mädchen, das in die Original-Ponys verliebt war, wird beteuern, dass die »Neuen« einfach nicht mehr so bezaubernd sind …

9

Snakeboard

Blöd aussehen, aber dafür ziemlich zügig unterwegs sein

Irgendwann Mitte des Jahrzehnts tauchte ein seltsames Fortbewegungsmittel auf den Straßen auf. Von Skatern und Inlinern wegen der seltsam spackig aussehenden Moves verlacht, waren die Snakeboarder so etwas wie die Linux-User unter den Rollsportlern: Eher die Ausnahme. Erfunden von drei südafrikanischen College-Studenten, die sich darunter eine Fusion von Skate-, Snow- und Surf-Elementen vorstellten, traten die Snakeboards an, um den Streetsport-Markt zu überrollen. (Spoiler: Hat nicht geklappt.)
Die beiden Trittbretter dieses verrückten Geräts waren durch eine Mittelstange aus Plastik miteinander verbunden und ließen sich auf gutem Asphalt bis auf derbe 40 km/h beschleunigen. Unsere Füße wurden von Schaumgummischlaufen am Board gehalten, und wer Profi war, konnte in den Halfpipes der Republik bald längere Melons, Mutes und Stalefishs grabben als jeder andere. Doch weil nicht alle von uns den erhöhten athletischen Anforderungen dieser Reptilienversion eines Skateboards gewachsen und echte Könner eher spärlich gesät waren, legten wir uns eine Zeit lang wie ungelenke Hampelmänner auf die Schnauze. Bei

den zahllosen Versuchen, des Gerätes Herr (oder Herrin) zu werden, blockierten wir mit unserem Gewackel die wenigen Skateparks in den Innenstädten und trieben die Skater und Inliner wieder dorthin, wo diese ursprünglich hergekommen waren: auf die Straße. Und genau dorthin verschlug es dann auch die meisten von uns, als wir endlich erkannt hatten, dass ganze Bretter eben doch das Wahre sind – und uns ein Longboard kauften.

»skate or die«

10

Miss Sixty Jeans

Eine Ode für den Arsch

Anders, als es der Name vermuten lässt, war die Miss Sixty einem modischen Comeback der Siebzigerjahre geschuldet. Sie war die sexy kleine Schwester der Schlaghose. Ihr Markenzeichen: der hüfttiefe Sitz. Mehr Fashion-Queen als Blumenmädchen verwandelten wir in ihr den Schulhof in einen Laufsteg.
Die Miss Sixty lenkte mit ihrem hinten angebrachten Reißverschluss (Model Flare Nexie) und den markanten Nähten auf den Potaschen alle Aufmerksamkeit auf unsere Rückseite. Nur diese eine sündhaft teure Hose schien unsere Hintern ins rechte Licht zu rücken. Wer ein ➳ **Arschgeweih** hatte, konnte es in keiner anderen Hose so schön präsentieren.
Die Miss Sixty hatte nur einen unangenehmen Nebeneffekt: Durch den tiefen Sitz verhalf uns die Hose nicht nur zu einem schönen Po, sondern auch zu einem eins a Bauarbeiter-Dekolleté. Bei jeglichem Hinsetzen blieb nur der obligatorische Griff an den hinteren Hosenbund, um die mondäne Hose am Rutschen zu hindern. Wir ruckelten und zuckelten, bis alles wieder gut verpackt war. Aber was taten wir nicht alles für den perfekten Look.

11

Tamagotchi

Unser erstes virtuelles Haustier

Niemand sah diesen Trend kommen. Und keiner hätte vermutet, dass ein virtuelles Küken aus Japan zu einer Weltsensation werden und 1997 auch deutsche Klassenzimmer bevölkern würde. Auf einmal piepte und zwitscherte es aus kleinen bunten Plastikeiern, die wir im Schulrucksack oder – die Profis – an einer kugeligen Metallkette am Schlüsselbund mit uns rumtrugen. O ja, wir Kinder der Neunziger liebten technische Spielzeuge, und ganz besonders dieses Pixel-Küken, das von uns gefüttert, bespielt, gepflegt, mit Medikamenten versorgt und vor allem: geliebt werden wollte. Die Verantwortung war groß, schließlich waren die Tamas – so dachten wir – für unsere Eltern der Testlauf für einen eigenen Hund oder ein Kätzchen. Mit anderen Worten: Kratzte unser Tamagotchi ab, gab's womöglich nicht mal 'nen Hamster. Was unsere Eltern aber nicht wussten: Mit einer Reset-Taste konnte man das verblichene Tamagotchi (zum Beispiel verdurstet während einer zweistündigen Mathearbeit) in der Fünfminutenpause wieder zum Leben erwecken. Ein richtiges Haustier folgte den Küken trotzdem nur selten nach. Und so verging den meisten von uns nach ein paar Monaten die Lust an der Eieruhr (aus dem Japanischen tamago, dt. »Ei«, und wotchi, dt. »Uhr«), und wir bereuten, die 30 Mark nicht in ein längerlebiges ➳ Game-Boy-Spiel investiert zu haben. Die Tamagotchis landeten schließlich auf dem virtuellen Friedhof – dabei wollten sie doch nur unsere Liebe.

Dino's
Status
Zuruck
Bestätigung
Auswahl
12
3
6
9

12

Discman

Die CD lernt Laufen

Was für die Achtziger der Walkman war, war für die Neunziger der Discman. Statt der alten und oft furchtbar leiernden Kassetten konnten wir nun endlich auch unsere CDs überallhin mitnehmen. Das Prinzip »Musik unterwegs hören« war zwar nicht neu, doch kam der Discman gleich viel moderner daher als der alte Walkman. Allein das digitale Menü war Fortschritt pur.

Deshalb hätten wir auch nie zugegeben, dass der Discman eigentlich viel unpraktischer war als der gute alte Walkman. Denn er war viel größer und passte dadurch kaum in irgendeine Jackentasche. Man musste also immer zusätzlich einen Rucksack oder eine ➵ **Bauchtasche** dabeihaben. Auch für CDs zum Wechseln. Denn eine CD war ja meist viel kürzer als die durchschnittliche Kassette. Noch dazu hüpfte die CD bei der kleinsten Erschütterung. Daran konnte auch das berühmte »Anti-Shock«-System nicht viel ändern. Das fraß in erster Linie den Saft aus den Batterien.

Apropos: In den Neunzigern brauchten wir ja noch für ALLES Batterien: für den ➵ **Game Boy**, den Fotoapparat, den Taschenrechner (zumindest bis die Solartaschenrechner Einzug in die Klassenzimmer hielten), für die Taschenlampe, die ➵ **Boombox** etc. Und immer wenn man neue Batterien brauchte, waren die passenden natürlich gerade mal wieder nicht zur Hand. Da musste dann auch der Discman zu Hause bleiben ...

SONY
Discman

13

Bauchtaschen

Hände frei und Spaß dabei

Gute Dinge kommen immer wieder. Und so überrascht es nicht, dass in den letzten Jahren ein weiterer Trendgegenstand der Neunziger, bereits mehrfach für tot erklärt, wieder salonfähig wurde: die Bauch- oder auch Gürteltasche, das Erkennungsmerkmal von Rentnern auf Bildungsreise. An sich nichts weiter als ein verknautschter bananenförmiger Beutel aus Nylon oder Leder mit Reißverschluss und Clip-Gürtel waren diese praktischen Dinger für uns Kinder der Neunziger aber die Allzweckwaffe gegen Verhau im Rucksack oder übervolle Hosentaschen. Was auch immer einem wichtig war, man hatte endlich die Hände (und die Hosentaschen) frei von dem Kleinkram und musste sich keine Gedanken mehr machen, wo man Geldbeutel, Handy, Schlüssel, ➳ **MiniDisc-Player**, Rauchwaren oder einfach eine Packung Taschentücher problemlos unterbringen konnte. An der Machart der Tasche konnten wir so einiges ablesen: Metalfans brachten Pantera-Aufnäher, Punks verchromte Nieten, Hip-Hopper ihre mit Edding selbstgemalten Tag-Lines und Boygroup-Fans dutzende Glitzersteinchen, Zaubertrolle und Plüschanhänger auf ihren Taschen an.

Chupa Chups
ORANGE

14

Chupa Chups

Der Lolli, der sogar ins All flog

Lutscher gab es von jeder x-beliebigen Süßigkeitenfirma, aber unser Herz eroberte nur Chupa Chups. Denn dieser Lolli machte das Leben lustiger. Wir lutschten hingebungsvoll an der glänzenden Bonbonkugel und freuten uns diebisch, anschließend unsere bunt gefärbten Zungen herauszustrecken wie 1995 die Kosmonauten auf der Raumstation MIR.

Die pfiffige Marketingabteilung der spanischen Firma, deren Logo von niemand Geringerem als Salvador Dalí entworfen worden war, erfand einen Knaller nach dem anderen: etwa den »Turbo Space Leck«, ein batteriebetriebenes Gerät, das den Lutscher für einen drehte, oder den »Pen Pop« mit integriertem Kugelschreiber.

Das totschlagende Argument für Chupa Chups waren allerdings Chupa Caps. Die runden, einseitig mit Bildern bedruckten Pappscheiben gab es zusammen mit mehreren Lutschern in Plastikzylindern zu kaufen. Sie waren die Grundlage für das angesagteste Spiel auf den Schul- und Hinterhöfen in der ganzen Republik. Wir stapelten die Plättchen mit den Bildern nach unten und bewarfen sie anschließend mit einem Slammer, einer etwas größeren Scheibe aus Plastik oder Metall. Drehten sich die Caps mit dem Bild nach oben, gehörten sie uns. Welch unbeschreibliches Glücksgefühl, den ganzen Stapel des Gegners auf einmal abzuräumen! Saßen wir allerdings auf der anderen Seite mussten wir im schlimmsten Fall zum nächsten Kiosk und Nachschub kaufen. So bescherten wir Chupa Chups Rekordumsätze und Chupa Chups uns wunderschöne Kindheitserinnerungen.

15

Furby

Als plötzlich ein Außerirdischer bei uns einzog

Nachdem die ➳ Tamagotchi-Welle vorbeigeschwappt war und wir immer noch kein echtes Haustier von unseren Eltern bekommen hatten, gab es auf einmal ein neues Objekt der Begierde, das zuhauf auf unseren Weihnachtswunschzetteln landete: Furby. War es eine Eule, eine Fledermaus oder einfach ein Alien? Die Antwort ist uns Hersteller Hasbro, der dieses süße Plüschtier mit den erstaunlichen Fähigkeiten 1999 auf den Markt und damit direkt in unsere Kinderzimmer brachte, bis heute schuldig geblieben. Mit seinen halb hängenden Augenlidern, der frechen Stimme sowie den launischen Wünschen und Kommentaren spielte sich das Eulen-Alien schnell in unsere Herzen. Als bekannt wurde, dass Furbys sogar miteinander reden konnten, war klar, dass man mindestens zwei davon zu Hause brauchte. Manchmal nahmen wir sie auch mit in die Schule und stellten sie aufgeregt neben das Federmäppchen. Doch ebenso wenig wie Furby Interesse am Bio-Unterricht hatte, hatte die Bio-Lehrerin Interesse an Furby und seinen Sperenzien. Er wollte halt ständig hochgehoben, gefüttert oder gekitzelt werden – und dann diese merkwürdige Sache mit den Ohren. Man sollte meinen, Bio-Lehrer hätten mehr Forschungsinteresse an einer solch außergewöhnlichen Spezies gehabt ...
Was folgte, waren dumpf quäkende Geräusche aus dem Ranzen, denn darin musste er schließlich bis Schulschluss seine Zeit verbringen – bis er uns zu Hause wieder erfreuen konnte (und unsere Eltern in den Wahnsinn trieb).

LOVE

DAS MAGISCHE AUGE

by Magic Eye Inc.

arsEdition

16

Das magische Auge

... und es bewegt sich doch!

Ganz oben auf der Liste der Dinge, mit denen wir uns in den Neunzigern die Zeit vertrieben haben: Das magische Auge! Überall stierten Menschen auf das Buch mit den psychedelischen Mustern, die erst einmal deutlich weniger geheimnisvoll aussahen, als der Buchtitel vermuten ließ. Doch wenn man nur lange genug daraufstarrte, passierte das Magische: Aus einem sehr bunten, aber ansonsten wenig spannenden Bild wurde wie von Geisterhand ein dreidimensionales Erlebnis. Dieser Überraschungseffekt sorgte dafür, dass das Buch Mitte des Jahrzehnts zum absoluten Besteller wurde und wirklich jeder sich im Zaubern versuchte.
Am schlimmsten war das in der Gruppe. Denn es gab immer einen, der schon innerhalb weniger Sekunden verkündete, etwas ganz Verrücktes zu sehen, während wir selbst noch vergeblich auf das Bild schauten. Erst wenn die Augen schon fast tränten und wir eigentlich längst aufgeben wollten, passierte es plötzlich. Nicht selten war uns dann zwar etwas schlecht und schwindelig, doch es hatte sich gelohnt! Wir gehörten zum Kreis der Eingeweihten, die etwas Einzigartiges entdeckt hatten. Leider gab es auch die armen Schweine, die sich noch so sehr anstrengen konnten und beim besten Willen keine dreidimensionalen Bilder sahen. Ihnen blieb immer noch zu behaupten, man könne gar nichts sehen. Und wer weiß – vielleicht hatten die anderen ja auch nur geschwindelt und selbst gar nichts gesehen ...

17

Scout

Ein Ranzen, sie alle zu knechten...

Vorbei waren die unbeschwerten Tage auf dem Spielplatz, denn irgendwann hieß es: täglich mindestens fünf Stunden lang in die Bildungsvollzugsanstalt. Dafür brauchten wir natürlich einen »ABC-Schützen-Tornister«, und das war meist ein SCOUT. Unkaputtbar waren die klobigen Dinger, die es ab Anfang der Neunziger in verschiedenen Designs gab. Es war fast eine Glaubensfrage, für welches Modell wir uns entschieden: »Swing« (schwarz mit geometrischen Figuren), »Crazy Zoo« (mit Tieren), »Flippi« (mit Delfin!) oder »Space« (mit Rakete!!!). Wer da den einfarbigen Grundschulranzen von älteren Geschwistern vermacht bekam, hatte zumindest keine Qual der Wahl. Im Vergleich zu unseren Erstklässlerkörpern waren die Dinger verdammt riesig. Von hinten betrachtet haben wir alle ausgesehen wie Kopffüßler, besonders, wenn auf dem Deckel des Ranzens noch der farblich passende Turnbeutel festgeschnallt war. Die Herstellerfirma hatte übrigens 1986 recht schlau an der Erarbeitung einer DIN-Norm mitgewirkt, die »retroreflektierende Flächen« auf Schulränzen vorschrieb, und noch im gleichen Jahr ein passendes Modell auf den Markt gebracht. Mit etwas Fantasie grinste uns der Scout aus der Entfernung mit diesen orange-gelb gestreiften Sicherheitsreflektoren entgegen.
Ein weiteres Gimmick war die etwas versteckte Waage im Henkel, mit der wir prüfen konnten, ob der volle Ranzen zu schwer war – taten wir aber nicht. Ohne all die Hefte, Bücher und Stifte, die wir jeden Tag in die Schule und wieder nach Hause schleppen mussten, wär's ja vielleicht noch gegangen. Aber es gab ja auch noch ➳ **Jo-Jos**, ➳ **Game Boys** oder ➳ **Ninja-Turtle-Figuren**, die natürlich auch mit zur Schule mussten!

Der Scout.

Dein Freund.

18

Tattoo-Kette

Schön ist anders

Sie erinnerte an ein Hundehalsband aus feinem Maschendraht und verursachte beim Tragen ein leichtes Unwohlsein, ein permanentes Bedürfnis, sich Luft zu verschaffen, indem man einen Finger zwischen Kette und Hals schob. Gaben wir dem Drang zu häufig nach, leierte die Kette aus, hing dann schlaff um unseren Hals und hatte mit einem Tattoo rein gar nichts mehr gemein.

Zu unserem Glück waren die Plastikketten zu Spottpreisen zu erwerben, so dass wir uns einen unerschöpflichen Vorrat der Fake-Tattoos zulegen konnten, in allen erdenklichen Farben. Sogar Kaugummiautomaten waren gefüllt mit dem Traum aus Plastik. Wenn wir besonders hip sein wollten, trugen wir mehrere Ketten in verschiedenen Farben übereinander und glichen fortan einem Streifenhörnchen auf LSD.

Richtig zur Geltung kamen die Tattoo-Ketten aber erst durch das passende Styling. Unsere Haare waren bunt gesträhnt und zu unzähligen Zöpfen geflochten oder durch einen Zick-Zack-Scheitel in geordnete Unordnung gebracht.

Die Kette war die konsequente Fortsetzung einer Mode, die zur Erleichterung aller in den Nullerjahren verschwand. Doch in Ermangelung neuer Ideen erweckte das schwedische Modeunternehmen Acne Studios die Kette im Jahr 2015 zu neuem Leben. Wie Unkraut sprießen auf Pinterest seitdem die Tattoo-Ketten-DIY-Anleitungen. Man sieht sich eben immer zweimal im Leben.

19

Ninja-Turtles-Action-Figuren

Die Kämpfer für Recht und Ordnung aus dem Untergrund

Ihre Namen hatten sie von den großen Malern der Renaissance. Ihre Herkunft war der Untergrund. Sie waren muskelbepackte Kampfmaschinen, und sie kämpften für das Gute: Die Teenage Mutant Ninja Turtles. Ursprünglich waren Donatello, Raphael, Michelangelo und Leonardo einmal gewöhnliche Schildkröten gewesen, doch durch eine Mutation wurden sie humanoid. Damit man sie auseinanderhalten konnte, hatte jeder ein Augenband in einer anderen Farbe und eine persönliche Waffe. Und mit dieser Kombination war für jeden von uns klar, welcher sein Lieblings-Turtle wurde. Wir feierten sie für die Zeichentrickserie und die Game-Boy-Spiele, aber hauptsächlich, weil sie vieles von dem verkörperten, was wir uns

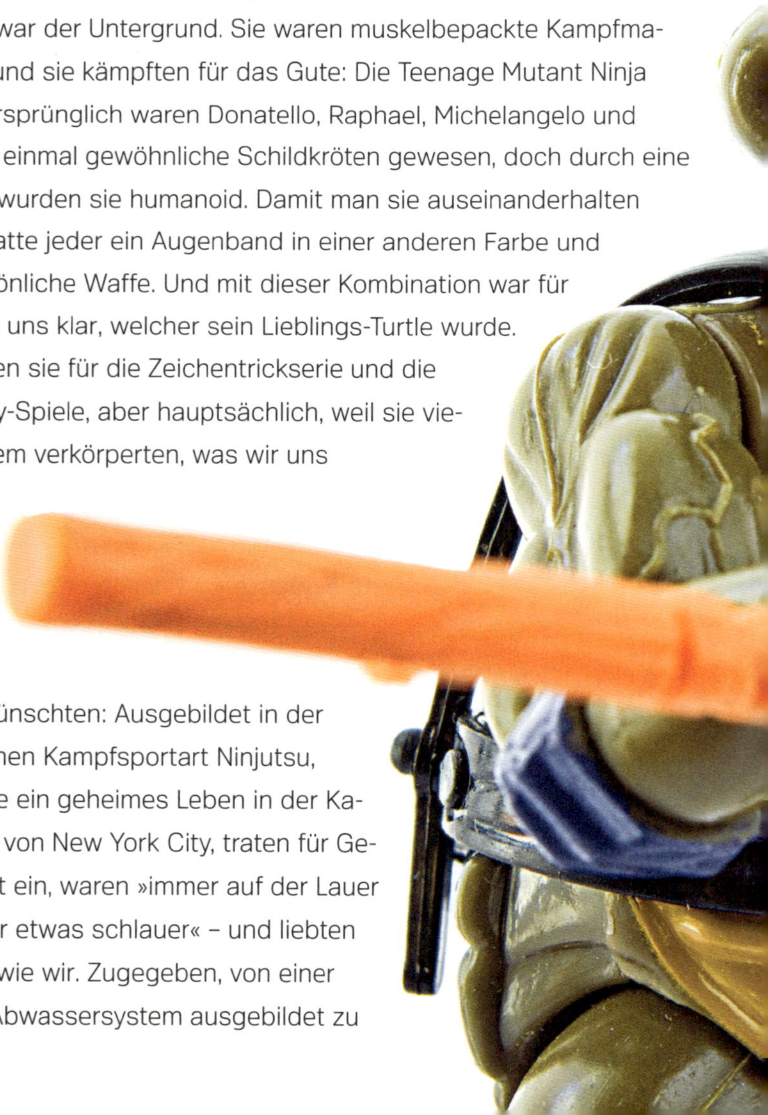

zu sein wünschten: Ausgebildet in der fernöstlichen Kampfsportart Ninjutsu, führten sie ein geheimes Leben in der Kanalisation von New York City, traten für Gerechtigkeit ein, waren »immer auf der Lauer und immer etwas schlauer« – und liebten Pizza. So wie wir. Zugegeben, von einer Ratte im Abwassersystem ausgebildet zu werden, war kein ernstgemeinter Wunsch von uns, aber für Meister Splinter (und die hübsche Reporterin April) hätten wir definitiv eine Ausnahme gemacht. Es ist eigentlich unnötig zu erklären, dass wir alle Turtles als Action-Figuren haben mussten, auch wenn die Ninja-Waffen meist direkt nach dem ersten Spielenachmittag verschwunden waren. Obwohl die mechanischen Möglichkeiten unserer Action-Figuren begrenzt waren – außer eingeschränkt beweglichen Armen und Beinen ging da nicht viel bei den Schildkröten-Robin-Hoods –, wurden die Turtles unsere Helden. Und so gaben wir uns euphorisch unseren Rollenspielen hin und riefen ihren Teamspruch aus voller Kehle über den Schulhof: Cowabunga!

20
Bravo
Pionierarbeit in Sachen Aufklärung

Bravo, das war vor allem eins: Sex. Ein Wort, das wir damals nur hinter vorgehaltener Hand geflüstert haben und das in den meisten Fällen verschämte Kicheranfälle auslöste. Schließlich wussten wir zu der Zeit nur theoretisch über Sex Bescheid und hatten auch eine eher nebulöse Vorstellung davon. Hier leistete die Bravo absolute Pionierarbeit. Im Body-Check sahen wir zum ersten Mal nackte Menschen in unserem Alter, und Dr. Sommer bescherte uns die ersten Erfahrungen zum Thema Sex und Beziehung. Und so blätterten wir verschwörerisch unter der Schulbank oder in der letzten Sitzreihe im Klassenfahrtbus, denn die Bravo hatte auch immer einen leicht verruchten Touch. In den Augen vieler Eltern war das wöchentliche Magazin sowieso entweder Schund oder Geldverschwendung.
Wer es deswegen nicht lesen durfte, war gnadenlos vom Trendgeschehen abgeschnitten. Denn wir holten uns hier auch die wichtigen News zu Mode, Make-up und unseren Stars – von New Kids on the Block über Take That und die Backstreet Boys zu Kelly Family, den Spice Girls bis Echt. Nicht zu vergessen die Poster in der Mitte, die von nun an unser Teeniezimmer verschönerten, oder den Starschnitt, bei dem es galt, alle Ausgaben lückenlos zu ergattern, weil unsere Lieblingsband sonst am Ende womöglich kopflos war. Oder die legendäre Foto-Lovestory, bei der wir uns über trashig nachgestellte Beziehungskisten amüsieren konnten. Kein Wunder, dass die Bravo gute Hehlerware war für alle, die sie offiziell nicht haben durften. Denn erst mit ihr fühlten wir uns als echte Teenager.

Nr. 43 16. Okt. 1997 DM 2,40
talkshow MARIAH CAREY
BRAVO
4 POSTER
BSB
AKTE X
BRUCE WILLIS
FILM
AQUA
SPICE GIRLS starten NEU!
Live bei Gottschalk
Ihre neuen Songs
Tour im März
EXTRA! 6 STAR CARDS
BLÜMCHEN KELLY FAMILY PUFF DADDY A.J. 'N SYNC RAMMSTEIN
CHUMBAWAMBA Schrille Show!
'N SYNC toben durch Germany

COOL

21

Aufblasbare Sessel

Ein Traum aus Plastik

Auch wenn sie nach Weichmachern rochen und wir in unseren kurzen Hosen unangenehm am Plastik kleben blieben – nichts wünschten wir uns in den Neunzigern sehnlicher als diese Monstrositäten aus Luft und Gummi. Denn wer damals Geschmack bei der Wohnungseinrichtung zeigen wollte, besaß einen aufblasbaren Sessel in einer Neonfarbe. Wir stellten ihn zwischen Lavalampen, die ihre blubbernden Klumpen in derselben Tönung wälzten, und unsere Kompaktanlage, gekauft vom Konfirmationsgeld. Ein derart romantischer Platz war der perfekte Ort, um mit seinem Schwarm erste Küsse auszutauschen. Dass der Sessel bei jeder Bewegung quietschte, konnten wir elegant übergehen, indem wir unsere Kuschelrock-CD ein wenig lauter drehten. Weniger leicht zu ignorieren war der konstante Luftverlust, den viele der Sessel bei zu großer Belastung erlitten. Wie ein alter Luftballon schlaffte das Möbelstück ab. Wer keine Luftpumpe besaß, musste den Sessel selbst wieder aufblasen. Und wenn wir dann die letzte Luft aus unseren Lungen gepresst hatten, fehlte zum Küssen die Puste. Aber das war egal. Diesen Preis zahlten wir gerne für unsere Coolness. Und wir hatten ja den Sessel, um uns auszuruhen.

22

Boombox

Wir brauchen Bass, Bass!

Wer Party machen will, braucht Sound. Mobilen Sound. Denn bloß daheim Musik hören war etwas für Spießer und Stubenhocker. Manche von uns bastelten zwar auch mit Autobatterien und ausrangierten Boxentürmen auf Bollerwagen herum, aber wer es sich einfacher machen wollte, brauchte eine Boombox. Die Weiterentwicklung der Ghettoblaster der Achtziger: lauter, klarer und vor allen Dingen – mehr Bass. Die »Evolution des privaten Musikgenusses mittels elektronisch verstärkter Lautsprechersysteme« (so der Titel einer nie verfassten kulturwissenschaftlichen Doktorarbeit) erreichte Ende der Neunziger – zumindest, was den Lärm anging – einen All-Time-Höhepunkt. Mit dem RV-DP200 »Kaboom«, der riesigen Soundröhre mit eingebautem Subwoofer, E-Gitarren-Anschluss und sogar Scratch- und Beatpads landete die japanische Firma JVC 1998 einen gewaltigen Volltreffer. Diese Arschbombe unter den Boomboxen war in jeder Hinsicht brutal: klobig, schwer und nicht gerade hübsch – aber vom Sound her und vor allem, was den Bass anging, für jede Open-Air-Party das Beste, was ohne eigenen Dieselgenerator auskam. Für diesen Kraftakt fraß das fette Ding ganze zehn (!) dicke Batterien, um für ein paar Stunden die halbe Nachbarschaft in den Wahnsinn zu wummern. Alles, was danach kam, wurde kleiner, vom Sound her dünner, und damit zwar handlicher und praktischer – aber versucht doch mal mit einem dieser dürren Bluetooth-Speaker von heute eine ganze Turnhalle beim Abistreich zu beschallen …

JVC
CD
TAPE
TUNER
AUX

23
Ökopulli

Martin, my love – vom Chartbreaker zum Jackenersatz

»Ich bin der Martin, ne …?!« Diesen Song kannte Anfang der Neunziger jedes Kind. Mit dem trotteligen Hippieverschnitt stürmte Diether Krebs 1991 die Hitparaden. Sein Song wurde die am zweithäufigsten verkaufte deutschsprachige Single des Jahres und schaffte es bis auf Platz 3 der deutschen Charts. Der etwas verlangsamte Martin – mit Nickelbrille, Vokuhila, Birkenstock und dickem Wollpulli der prototypische Öko – eroberte mit seinem monotonen Sprechgesang und Zeilen wie »Bei uns in der Männergruppe haben wir diese Problematik auch schon mal durchdiskutiert« das Herz des Mainstreams. Diether Krebs nahm mit dieser Figur die damals immer größer werdende Ökobewegung auf die Schippe. Auch wenn das beim Anblick von Martin heute nur schwer vorstellbar ist, waren seine Schafswollpullis bei uns mal ganz schön angesagt. Entweder in Braun mit weißem Muster oder umgekehrt: Wollweiß mit dunkelbraunem Muster – Hauptsache Naturtöne. Für alternativ angehauchte Teenies wie uns ein Statement-Piece, das ➳ **Doc Martens** und abgetragene ➳ **Levi's 501** perfekt ergänzte. Dank seiner dicken Wolle war der Islandpulli auch ein beliebter Jackenersatz im Winter. Man durfte damit nur nicht in den Regen kommen, denn dann roch man nach nassem Schaf. Und das war dann doch etwas zu viel Öko-Image …

24

Super Nintendo

Und plötzlich erhielt der Fernseher eine neue Bedeutung

Für viele Kinder der Neunziger war Fernsehen der Wechselkurs für gute Noten, Helfen im Haushalt und artiges Benehmen. Denn unsere Eltern waren bei zu viel Fernsehen skeptisch. Sprüche wie »Von zu viel Fernsehen bekommt man viereckige Augen« hörten wir oft von ihnen, ohne jemals verstanden zu haben, was das eigentlich bedeutete. Dank ihrer Vorsicht wurden die TV-Stunden bei uns Kindern stark limitiert und unser Konsum überprüft, indem Mutti durch Handauflegen abends die Temperatur der Bildröhre kontrollierte. Dabei liebten wir doch einfach nur unsere Zeichentrickserien und die Gameshows! Unsere Abhängigkeit wurde noch schlimmer, als die ersten Spielekonsolen auf den Markt kamen und der Fernseher eine neue Dimension von Entertainment bot. Mit dem Super Nintendo Entertainment System (SNES), dem Nachfolger des NES und dem Konkurrenten des Sega Mega Drive, hatten wir ab 1992 ein neues Objekt der Begierde, das uns Nachmittage, Abende und Nächte an die Bildschirme gefesselt hätte, wenn es uns erlaubt gewesen wäre. Wahnsinnige 329 Mark kostete das Gerät damals, inklusive des Spiels »Super Mario World«, aber es war jedes Zeitungsaustragen und Laubharken bei Opa wert. Allein die Spannung beim Auspacken, das Anschließen an den Fernseher (und das Finden des AV-Kanals), das Geräusch beim Reinstecken der Spielekassette und das Klicken des Power-Knopfes! Wenn das Logo des Spieleherstellers aufpixelte, setzte unser Herz einen Schlag aus. Fernsehgerät und Super Nintendo wurden ein Schrein,

und wir alle kamen täglich zum Beten. Bis das SNES 1997 vom Nintendo 64 abgelöst wurde, hatten wir unzählige Stunden mit Zelda, Donkey Kong, Mario und den Street Fightern verbracht. Wir vermissten das verpasste Spielen an der frischen Luft und die nicht gebauten Butzen im Wald keine Minute, denn wir waren Zocker und unsere Welt bestand aus 16 Bit.

25

Tigerente

Der gelb-schwarze Kinderzimmerklassiker

Oh, wie schön ist Panama! Damit fing Ende der Siebziger alles an, und Janoschs Geschichten und Zeichnungen wurden zum beliebten Klassiker im Kinderzimmer. Neben dem kleinen Bären und dem kleinen Tiger erlangte so auch die Tigerente Berühmtheit. Zunächst nur stille Begleiterin, die der Tiger hinter sich herzieht, wurde die kleine Ente schnell zum Liebling aller Kinder. Auch wenn ihr Erfinder Janosch schimpfte: »Die Tigerente ist Mist.«

In unsere Herzen rollte die Tigerente nicht nur als klassisches Holzspielzeug mit Rädern, sondern auch als Anhänger, Brosche, Haarspange oder Ohrring. Ihr Muster schmückte sogar Fahrräder und Zahnbürsten. Und natürlich gehörte der »Tigerenten-Club«, der der kleinen Ente ab 1996 eine ganze Kindersendung widmete (siehe Bild), zum Pflichtprogramm am Samstagnachmittag und begeisterte uns mit Spielrunden im Studio, einem Musikgast und verschiedenen Serien wie »Neues vom Süderhof«. Die etwas Älteren erinnern sich bestimmt auch noch an den Vorläufer der Sendung, den »Disney Club« mit Antje Piper und Ralf Bauer. Während Antje später die »logo!«-Kindernachrichten moderierte und den Grundstein für ihre heutige Karriere beim Auslandsjournal legte, wurde Ralf als Surfer-Boy in »Gegen den Wind« zum absoluten Teenieschwarm, dem alle Herzen zuflogen. Leider war damit das Schicksal der Tigerente besiegelt, und sie musste in unseren Teeniezimmern Platz machen für neue Idole ...

26

Frufoo

Der Quark aus dem All

1994 nahm das mit Erdbeerquark gefüllte Frucht-Ufo der Firma Onken erstmals Kurs auf deutsche Kühltheken und landete kurz darauf in unseren Herzen und denen unserer Eltern. Denn Frufoo war so etwas wie ein gesünderes Überraschungs-Ei: Im ringförmigen Becher das »wertvolle Milchprodukt«, in der Mitte eine kleine Spielfigur. Ein Zettelchen klärte uns auf, welche der Figuren aus der Welt der Frufoos wir diesmal ergattert hatten: Fruci, den lustigen Astronauten mit seinen Schneckenfühler-Ohren, seine Frau Fruci-Fru, den alten Fropi oder das Haustier Frund. Die leeren Becher benutzten wir anschließend als Zimmerfrisbee. So viel Spaß machte nicht einmal das Fruchtzwerge-Eis.
Umso unerklärlicher die Entscheidung, das Erdbeerquark-Ufo und seine kleinen Brüder, die köstlichen, mit Quark gefüllten Schoko-Ufos, aus dem Sortiment zu nehmen. Schuld daran war die Firma Dr. Oetker, die Onken Anfang der Nullerjahre übernahm. Vor ein paar Jahren versuchten 25 000 Frufoo-Fans mit einer großen Aktion im Internet, den Quark nochmal auf die Erde zurückzuholen – leider vergebens. Wir müssen also weiterhin auf irdische Alternativen zurückgreifen und uns von Fruci und seiner Familie wohl für immer verabschieden.

nken
FRUFOO
LUFT
FRUFOO
KINDERQUARK
MIT TRAUBENZUCKER
und original FRUFOO-Spielfigur
ONKEN GmbH
D-47441 Moers/

27

Baggy Pants

»Was ist denn los, mein Sohn, du guckst so streng // deine Freundin macht es wahnsinnig, wo meine Buxe hängt.« Dendemann

Ratlose Blicke unserer Eltern und Lehrer säumten ihren Weg, doch uns war das egal. Was der Schlag der Siebziger, die Karotte der Achtziger und die Röhre der Nullerjahre war, das waren die Baggys in den Neunzigern – der heiße Scheiß!

Sie kamen eigentlich aus der Unisize-Gefängnismode der USA und schwappten mit der Hip-Hop- und Skaterszene über den Stylemotor MTV zu uns rüber. Die Hosen waren so ewig weit, dass man die Beine darin oft nicht mal mehr erahnen konnte. Deswegen brauchte man auch einen stufenlosen Clip-Gürtel zum Halten, sonst hing das Ding schnell mal auf halb Acht. Jugendlicher Leichtsinn kennt (damals wie heute) zwei Qualitäten: trendbewusst und unbeirrbar.

Weiter, tiefer, cooler – mit den Baggys konnten wir provozieren und sprichwörtlich »einen auf dicke Hose machen«. Ob von Freeman T. Porter, Carhartt, Southpole oder Ecko Unltd – Hauptsache low-waist, mit halbsichtbaren Boxershorts und möglichst breit. Dazu trugen wir Skaterschuhe von Etnies oder És, die aber kaum noch sichtbar waren und daher mit Muttis Scotch-Brite-Schwämmen von uns noch fetter gemacht werden mussten. Zugegeben, die Mädchen in der Klasse waren von unseren Hosen nicht direkt überzeugt, aber wir haben es durchgezogen. Und die wenigen von ihnen, die die Baggy-Phase cool fanden und sogar selbst welche trugen, hatten bei uns schwer einen Stein im Brett (und haben ihn übrigens bis heute).

28

Der grüne Punkt

Mit gutem Gewissen Plastikzeug kaufen (und wieder wegwerfen)

Diese Erfindung der Neunziger leuchtete den meisten von uns sofort ein. Das Wort »nachhaltig« kannten wir zwar noch nicht, aber eine Reduktion des Hausmülls und die Trennung von recycelbarem von nicht-recycelbarem Abfall schien uns und vor allem unseren Eltern sinnvoll. Und das sogar ohne Zusatzkosten, denn die Hersteller der Verpackungen mit dem Grünen Punkt hatten die Gebühr dafür schon im Voraus bezahlt. Aber wenn wir ehrlich sind, war das Duale System ab und zu auch ganz schön nervig. Man wurde von den Eltern jetzt zu vier verschiedenen Müllcontainern geschickt, um Papier, Flaschen, Alu und Plastik in für uns damals viel zu hohe und bis heute grässlich stinkende Container zu werfen.
Das Logo, mit dem man heute weltweit recycelbare Verpackungen erkennt, wurde übrigens 1991 von dem damals 23-jährigen Studenten Lars Oehlschlaeger für 1 500 D-Mark

entworfen, der sich als freier Mitarbeiter einer Hamburger Werbefirma etwas dazuverdienen wollte. Es lehnt sich mit etwas Fantasie an das Yin- und Yang-Symbol an und ist heute eines der meistgedruckten Logos der Welt. Und doch hat man beim Anblick immer nur den Gestank dieser Container in der Nase …

E PUNKT

29

Hamburger Royal TS

»Weißt du, was das Abgefahrenste an Europa ist? Das sind die kleinen Unterschiede.«

Diese weisen Worte spricht John Travolta in seiner Rolle als Auftragskiller Vincent Vega im Neunziger-Kultstreifen »Pulp Fiction« zu Jules Winnfield a.k.a. Samuel L. Jackson. Neben dem Unterschied, dass man sich in Amsterdam Bier im Kino und in Paris Bier sogar im McDonald's kaufen kann, stellt er fest, dass der in den USA so beliebte »Quarterpounder with cheese« in Europa »Royale with cheese« heißt, oder bei uns: »Hamburger Royal TS«.
Zunächst brachte McDonald's den Burger auch in Deutschland als »Viertelpfünder« auf den Markt, taufte ihn aber später in »Hamburger Royal« um und erweiterte ihn 1990 zum »Hamburger Royal TS«. Und warum nicht Viertelpfünder? Weil wir Europäer das Metrische System haben und mit Gramm und Kilogramm, aber nicht mehr mit Pfund arbeiten. Und wofür steht eigentlich das »TS«? Fun Fact: für Tomate und Salat.

TS
Tomate & Salat

Ab dem grotesken Kultgespräch zwischen Vincent Vega und Jules Winnfield fühlten sich Fans des Tarantino-Films wie Gangster kurz vor dem nächsten Coup, wenn sie in ihren Royal TS bissen, und sinnierten anschließend darüber, ob es unredlich sei, einer verheirateten Frau eine Fußmassage zu geben. Die Coolness der absurden Dialoge, die Ironie und Abgebrühtheit des Streifens wurden unser Maß der Dinge, quasi unser Metrisches System der Neunziger. Denn wie heißt es im Film so schön: »Hamburger! Der Grundstein eines jeden nahrhaften Frühstücks!«

30

Baby Born

Die Puppe, die Pipi konnte

1991 brachte die Firma Zapf Creation ein in unseren Augen revolutionäres Produkt heraus. Baby Born war nicht irgendein Spielzeug. Sie unterschied sich von herkömmlichen Puppen durch eine Fähigkeit, die sie einem echten Baby täuschend ähnlich werden ließ: Sie konnte ein richtiges Geschäft verrichten. Durch ein Loch in ihrem Mund fütterten wir sie mit einem Brei, der aus Spezialpulver und Wasser angerührt wurde. Et voilà: Unten kam die Soße wieder raus. Zahlreiche Puppenkinder starben in den Neunzigern einen tragischen Schimmeltod, weil wir zu wenig Wasser nachschütteten oder sie mit für Plastikbabys giftigen – weil herkömmlichen – Lebensmitteln fütterten.
Die Krönung des Säugling-Mimikry war allerdings ein Mitte des Jahrzehnts entwickeltes Baby-Born-Bett, das schreien konnte. Legte man die Puppe hinein und vergaß einen speziellen mitgelieferten Teddy, fing das Bett nach einer Weile täuschend echt an zu kreischen. Da half nur Puppe raus oder Teddy rein. Das war ein solch großartiges Spiel, dass wir es stundenlang wiederholen konnten. Unsere Eltern teilten diese Begeisterung eher weniger und bereuten den Kauf des Bettes bereits nach wenigen Wochen. Für sie half nur ein schonungsloser Batterieentzug. Das Bett war dann immer noch schön, aber es war eben nur noch ein Bett. Unsere Eltern konnten so gemein sein.

Zapf Creation

31
Inline-Skates
Rollschuhlaufen wird Sport

Unsere ersten Versuche mit Rollen an den Füßen machten wir noch mit klassischen Rollschuhen, meist mit solchen, in die wir einfach mit unseren normalen Schuhen reinschlüpfen konnten. Doch bald sollte Rollschuhlaufen auf eine ganz neue Ebene gehoben werden. Mit der Erfindung der Inline-Skates – nach dem ersten Hersteller auch »Rollerblades« genannt –, bei denen die Rollen nicht mehr in je zwei Paaren nebeneinander, sondern alle hintereinander angeordnet waren. Hinzu kamen verstellbare Schuhe, die einen guten Halt garantierten und den Stopper hinten hatten. Das sah schon mal um einiges dynamischer aus als die behäbig wirkenden Rollschuhe mit dem klobigen Riesenstopper vorne.
Und es sah nicht nur sportlicher aus, wir waren mit Inline-Skates auch um einiges schneller. Daher wurden sie bald zum Fitnesstrend Nr. 1. Ursprünglich als Trainingsgerät für Eishockeyspieler erfunden, gelang es der Firma Rollerblade schnell, Inline-Skates auch im Mainstream durchzusetzen. Freizeitsportler wie Profis weltweit waren von dem völlig neuen Sportgerät begeistert. Und sie waren überall. So mussten die Fahrradfahrer bald die Radwege mit den Rollerbladern teilen. Die Inline-Skates schafften es sogar in die Halfpipes, was allerdings innerhalb kürzester Zeit zum Glaubenskrieg zwischen Skateboardern und Inline-Skatern führte. Denn es kommt eben doch darauf an, wie die vier Rollen angeordnet sind.

32

Bandanas, Kangol-Caps und Co.

Für jeden Kopf der passende Deckel

Der Hut als Kleidungsstück war lange Zeit vollkommen aus der Mode gekommen, wurde als Zeichen von spießbürgerlicher Tristesse abgelehnt oder galt als folkloristisches Accessoire alpenländischer Trachtengruppen. Mit den vielen verschiedenen, parallel existierenden Jugendkulturen der Neunziger wuchs nun aber das Bedürfnis, die Zugehörigkeit zu einer bestimmten Szene weithin sichtbar zu machen. Eine wahre Mützenwelle brach über uns herein: Die bis dahin vornehmlich von golfenden Rentnern mit Angst vor Sonnenbrand auf der Glatze getragenen Schirmmützen wurden ganz einfach umgedreht und von der Firma Kangol als »Flatcaps« vermarktet. Getragen wurden sie von Stars wie LL Cool J, Samuel L. Jackson oder AJ von den Backstreet Boys. An uns sahen sie leider nie so cool, sondern meist nur furchtbar dämlich aus. Ganz ähnlich die Bandanas, die 2Pac, Christina Aguilera, Axl Rose oder Hulk Hogan ein toughes Aussehen bescherten, bei uns aber schnell den Eindruck machten, man habe sich das alte Stofftaschentuch von Papa um die Schläfen gewickelt. Basecaps mit Flexfit-Gummizugrand waren da deutlich vorteilhafter. In Kombination mit übergroßem T-Shirt und ➳ Baggy Pants war schnell klar: Der Träger ist (oder wäre gerne) Skater, hört höchstwahrscheinlich Hip Hop – und schwitzt unter dem luftdicht versiegelten Baumwollding mit Sicherheit wie blöde, kann das Cap aber aus Coolnessgründen nicht abnehmen. Die Liste der plötzlich hippen Kopfbedeckungen ließe sich ewig fortführen. Fakt ist: Der Hut war wieder da!

4YOU
ALL YOU NEED

4YOU
ALL YOU NEED

4YOU
ALL YOU NEED

4YOU
ALL YOU NEED

33

4You

Auf dem Weg zum Teenager

Der Grundschule entwachsen fühlten wir uns zu alt für die quietschbunt bedruckten Schulranzen von ➳ **Scout** oder McNeill. Wir waren bereit für einen cooleren Transportbehälter auf dem Rücken: den 4You-Rucksack. Seine kastenförmige Statur und der verstärkte Rücken erinnerten noch entfernt an den alten Ranzen, so dass wir mit dem neuen Schulbegleiter sanft von Kindheit zu Jugend gleiten konnten. Der 4You war das perfekte Bindeglied zum ➳ **Eastpak**, den wir uns ab der siebten Klasse sehnlichst wünschen würden.
Bis dahin aber trugen wir unsere Schulsachen stolz in den zahlreichen Fächern von Model 1141 »Chicago«, das 1994 auf den Markt kam. Was von der fränkischen Firma 4You gut gedacht war, überforderte jedoch unser kindliches Ordnungssystem, das beim Scout nur zwei Fächer gewohnt war: Beim 4You blieb immer irgendein Reißverschluss offen. Wir wussten nie, in welchem Fach wir Taschenrechner, Lineal oder Schlüssel verstaut hatten, und die ein oder andere verlorene Banane fischten unsere Mütter oft Tage später stinkend und verfault aus den Tiefen einer der Taschen. Nichtsdestotrotz liebten wir den Rucksack. Und auch wenn diese Liebe meist nur kurz anhielt, half sie uns doch, ein wenig erwachsener zu werden.

Klaus Teuber
Die Siedler von
Catan
Das Spiel
Kosmos

34

Die Siedler von Catan

Brettspiel-Revival mit Hintersinn

Nahezu jede Familie besorgte sich zur Standardausrüstung aus »Mensch, ärgere dich nicht« und »Monopoly« ab Mitte der Neunziger ein weiteres Brettspiel: »Die Siedler von Catan«. Im Gegensatz zu den Klassikern war »Siedler-Zocken« wesentlich entspannter – hier gab es keine kapitalistische Willkür oder Gewinnen nach dem Glücksprinzip. Es musste mitgedacht, kooperiert, strategisch geplant und ökonomisch sinnvoll mit den Ressourcen Holz, Getreide, Wolle, Lehm und Erz gehaushaltet werden, um möglichst viele große Siedlungen und Städte und möglichst lange Handelswege zu bauen. Solange das Spielmaterial reichte, konnten wir praktisch endlos weiterspielen. Und so dehnten wir das Vergnügen erst mit selbstgemalten Karten und Feldern und bald mit zugekauftem Material wie etwa der grandiosen »Seefahrer«-Erweiterung.

Der Erfinder des Spiels, der gelernte Zahntechniker Klaus Teuber aus der Nähe von Darmstadt, war zwar schon länger ein recht erfolgreicher Spieleerfinder, aber mit der Siedler-Reihe schoss er den Vogel ab. Das Spiel wurde in kürzester Zeit zum Welthit, wurde in über 30 Sprachen übersetzt und mittlerweile mehr als 25 Millionen Mal verkauft. Die Strategiespiel-Welle wurde dann zwar von eher militärischen Games auf dem PC vorangetrieben, aber es verwundert nicht, dass wir auch heute noch gerne zu dem weinroten quadratischen Kasten im Regal greifen und versuchen, die richtige Augenzahl für »Doppelt Getreide UND Holz UND Wolle UND Erz« zu würfeln.

35

Bravo Hits

Der Soundtrack der Teeniezimmer

1992 ging es los und griff um sich wie ein Lauffeuer. Die erste Bravo-Hits-CD kam auf den Markt. Alle Kinder der Neunziger, die sich auf dem Sprung in die Pubertät befanden und anfingen, sich für Musik zu interessieren, kamen an dem Megasampler der größten aktuellen Chart-Erfolge nicht vorbei. Ob Right Said Fred mit »Don't talk just kiss«, später der unverständliche Eurodancer Mo-Do mit »Eins, zwei, Polizei« oder die One-Hit-Wunder Chumbawamba mit »Tubthumping« (»I get knocked down but I get up again ...«) – Bravo hatte sie alle, und das jahrelang. Wir kratzten unser ganzes Taschengeld zusammen und hörten die Scheibe auf unserer Kompaktanlage mit unseren Schulfreunden am Nachmittag in Dauerschleife. Manche hatten Glück und konnten sie auch auf ihrem Discman in der großen Pause hören und ihrem Schwarm einen Ohrstöpsel rüberreichen, aber den größten Spaß hat es in der Gruppe gemacht.

Im Durchschnitt war das Zeitfenster, in dem man sich die immer häufiger erscheinenden Bravo Hits kaufte, etwa drei Jahre. Danach begannen wir, uns die ganzen Alben der Musiker zu kaufen, die wir besonders gut fanden, und belächelten die Sampler-Käufer (besonders die jüngeren) für ihre Treue. Natürlich haben wir uns klammheimlich darüber geärgert, dass wir manches Mal ein Album wegen eines einzelnen Hits gekauft hatten und der Rest der Lieder dann überraschend langweilig war. Zugegeben hätten wir das aber natürlich nie. Später kauften wir uns dann natürlich auch das ➳ Bravo-Heft, um heimlich die Sex-Seiten zu studieren (offizieller Grund: die Band-Poster). Das Vertriebskonzept des Bravo-Verlages ging also völlig auf. 2018 soll die 100. Bravo Hits erscheinen – ob wir aus Nostalgie nochmal zugreifen und sie nachmittags mit unseren Freunden hören werden? Allein die Vorstellung macht irgendwie glücklich.

Coca-Cola
light
Visit www.coke.com.my

36

Coke Light

Der sexy Softdrink

Bei Coke Light fällt einem gleich die Werbung der Neunziger ein, die sich bis heute in unser Gedächtnis eingebrannt hat. Der Spot mit dem Bauarbeiter, der bei den weiblichen Angestellten im Bürogebäude nebenan für Aufsehen sorgt. Mit dem Aufruf »Es ist halb eins – Zeit für Coca Cola Light« stürmen sie alle zum Fenster, um einem gut gebauten Handwerker in Blue Jeans dabei zuzusehen, wie er in der Mittagshitze langsam sein Shirt auszieht und sich mit einer Dose Coke Light Erfrischung verschafft. Ein anderes Mal sorgt ein Getränkelieferant für Verzückung bei den Frauen. Oder der Fensterputzer, der natürlich auch pünktlich um halb eins an der Glasfront des Bürogebäudes im Außenaufzug vorbeifährt – mit freiem Oberkörper versteht sich –, und wer hätte es gedacht? Er trinkt eine Dose Coke Light.
Wenn es jemand geschafft hat, einen Softdrink erfolgreich mit einem sexy Image auszustatten, dann auf jeden Fall Coca Cola. Und das nicht erst mit der kalorienarmen Light-Variante. Auch schon die klassische Cola war mit dieser Sexiness vermarktet worden. Bestes Beispiel: Matt LeBlanc – besser bekannt als Joey Tribbiani aus unserer Lieblingsserie »Friends«. Der wurde unter anderem durch einen Werbespot für Cola bekannt, in dem er an einer Bushaltestelle in der sengenden Hitze steht und sich wie mit Magie eine Cola-Flasche vom Plakat nimmt. Auch wenn wir das damals gar nicht gemerkt haben, waren diese Spots etwas ganz Neues, da sie die Rollenmuster der Werbung umdrehten und den Mann zum Objekt der Begierde machten. Vielleicht sind sie uns auch deshalb noch heute so gut im Gedächtnis. Also, wir sehen uns – um halb eins!

37

Diddl

Die Maus, der die Mädchenherzen zuflogen

Hätten die Neunziger ein offizielles Maskottchen gehabt, so wäre es wahrscheinlich eine Maus gewesen. Sie saß als Kuscheltier auf unserem Bett und grüßte uns jeden Tag aus Schülerkalendern. Sie baumelte als Schlüsselanhänger an unserem Hosenbund und sammelte als Sparschwein unser Taschengeld. Sie sendete Grüße von Postkarten und schmückte Geschenkpapier. Seit ihrer Erfindung im Jahr 1990 war die Produktwelt der Diddl-Maus in kürzester Zeit ins Unermessliche gewachsen. Sie war fast wie ein Freund, den man schon lange kannte und der einen überallhin begleitete. Zu jedem unserer Kindergeburtstage brachten unsere Gäste verlässlich Diddl-Geschenke, denn damit konnte man einfach nichts falsch machen. Unser Schwarm überreichte uns schüchtern Diddl-Karten mit Aufschriften wie: »Zusammen können wir die Sterne erreichen!« oder »Wann knuddeln wir wieder?«. Wenn der Drang zum Sammeln stark ausgeprägt war, glich unser Kinderzimmer einem Mäuse-Zoo. Für die ganz Verrückten gab es sogar Diddl-Sammelalben zum Abheften der Blätter aus den Diddl-Schreibblöcken. So viel Sammelleidenschaft wurde nur noch gekrönt durch das Abo des »Käseblatts«, der Diddl-Zeitschrift. Jahrelang gehörte die Maus zu uns. Bis wir uns zu alt für sie fühlten, den ganzen Mäuse-Kram in den Keller verbannten und Platz schafften für coolere Dinge. Und als Diddl ging, konnten wir nicht mehr leugnen, dass wir erwachsen wurden.

Diddl
Schüler
Kalender
Diddl
Schüler
Kalender
Kaktus
Das schadenfrohe Kartenspiel

Langnese
Sitzt Du im Dreck, leck
Ed v. Schleck

Langnese
Sitzt Du im Dreck, leck
Ed v. Schleck

Langnese
Sitzt Du im Dreck, leck
Ed v. Schleck

Langnese
Sitzt Du im Dreck, leck
Ed v. Schleck

Langnese
Sitzt Du im Dreck, leck
Ed v. Schleck

Langnese
Sitzt Du im Dreck, leck
Ed v. Schleck

Langnese
Sitzt Du im Dreck, leck
Ed v. Schleck

Langnese
Sitzt Du im Dreck, leck
Ed v. Schleck

Langnese
Sitzt Du im Dreck, leck
Ed v. Schleck

38

Ed von Schleck

Das Porno-Eis im Kühlregal

Die Sommer unserer Kindheit dauerten eine Ewigkeit. Wer nicht mit den Eltern ans Meer fuhr, radelte – so oft er konnte – ins Freibad oder an den Kanal, um Freunde zu treffen, zu schwimmen und abzuhängen. Zu tun hatten wir in diesen Wochen nicht viel, es war ohnehin meistens zu heiß, um einen klaren Gedanken zu fassen. Mehrmals täglich fanden wir uns, Mädels wie Jungs, am Kiosk wieder, um Eis zu kaufen (und später Zigaretten). Eine unserer Lieblings-Langnese-Sorten war Ed von Schleck, ein Vanille-Eis, das man mit einem Plastikstäbchen von unten aus einer Form rausschob, und sich dabei selbstverständlich Gesicht und T-Shirt beschmierte. Ed von Schleck gab es zwar schon seit den Achtzigern, aber erst in unseren Neunzigern ist es zum Klassiker geworden, von unserem Taschengeld in den Adelsstand gehoben. Wir hätten es noch jahrelang an jedem Sommertag gekauft, wenn da nicht dieser eine Moment gewesen wäre. Dieser Moment, in dem man beginnt, etwas anders auf die Welt zu schauen, in dem alles eine Färbung bekommt und seine Unschuld verliert. In diesem Moment realisierten wir, dass Ed von Schleck so ziemlich das obszönste Eis war, das man sich vorstellen konnte, sogar noch vor dem länglichen Kaktuseis von Schöller mit der Prickelspitze. Das Ed-von-Schleck-Männchen war ein fragwürdiger Lulatsch mit langer spitzer Zunge und lüsternem Blick. Er warb mit Slogans wie »Schieb dich frei, schleck dich froh«, »Bodybuilding? Papperlapapp! Wer kräftig schleckt, macht auch nie schlapp!« oder »Halb schob sie ihn, halb schleckt er hin«.

Es war dieser eine heiße Sommer, in dem plötzlich nichts mehr war wie vorher und Jungs und Mädels nicht mehr einfach so miteinander ein Ed von Schleck essen konnten …

39

Arschgeweih

An allem war nur Pamela schuld

Versuchen wir es mal sachlich anzugehen: Das Brandmarken des unteren Rückenbereichs ist eine seit Jahrhunderten verbreitete Kulturtechnik, um die Herdenzugehörigkeit von Rindvieh zu kennzeichnen. Was im Wilden Westen Ende des 19. Jahrhunderts funktionierte, wurde in der Popkultur Mitte der Neunziger aufgegriffen und etwas, tja, variiert. Plötzlich tauchten überall Tribal-Tattoos auf den Steißbeinen junger Frauen auf, die damit entweder eine gewisse Verruchtheit (Innensicht), weit öfter aber grenzenlose Geschmacklosigkeit demonstrierten (Außensicht). Uns begegnete das Arschgeweih in freier Wildbahn oft in Kombination mit enganliegenden, tiefsitzenden Jeans und einem bauch- und rückenfreien Top. Zugegeben, wir Jungs fanden das damals schon recht heiß und mussten stark aufpassen, uns nicht beim Hinstarren erwischen zu lassen. Aber die Beliebtheit der Mädels hatte einen hohen Preis: Ein Tattoo hat man schließlich für immer, und Trends haben selten ein langes Leben. Wer von uns Jungs heute darüber zu laut lacht: Mal ehrlich, wie viele haben aus diesem Jahrzehnt noch Sonnen-Tribals auf dem Schulterblatt? Eben. Man kann den Ursprung des »Tramp stamp«, wie er in den USA genannt wurde, sogar konkret festmachen: Pamela Anderson, bekannt als Tim Taylors Assistentin in der grandiosen Heimwerkercomedy »Hör mal, wer da hämmert!« und als Baywatch-Badenixe im rotem Einteiler. Man muss ihr und den anderen mutigen Trägerinnen dieses Körperschmucks zugutehalten, dass sie das Tattoo gesellschaftsfähig machen konnten: Vor der Arschgeweih-Welle war Tinte unter der Haut nur etwas für Brummifahrer, Bauarbeiter oder Ex-Knackis. Und die Leichtigkeit, mit der wir uns in den Neunzigern Trends hingaben, ist bis heute faszinierend. Wir waren jung und unbedarft.

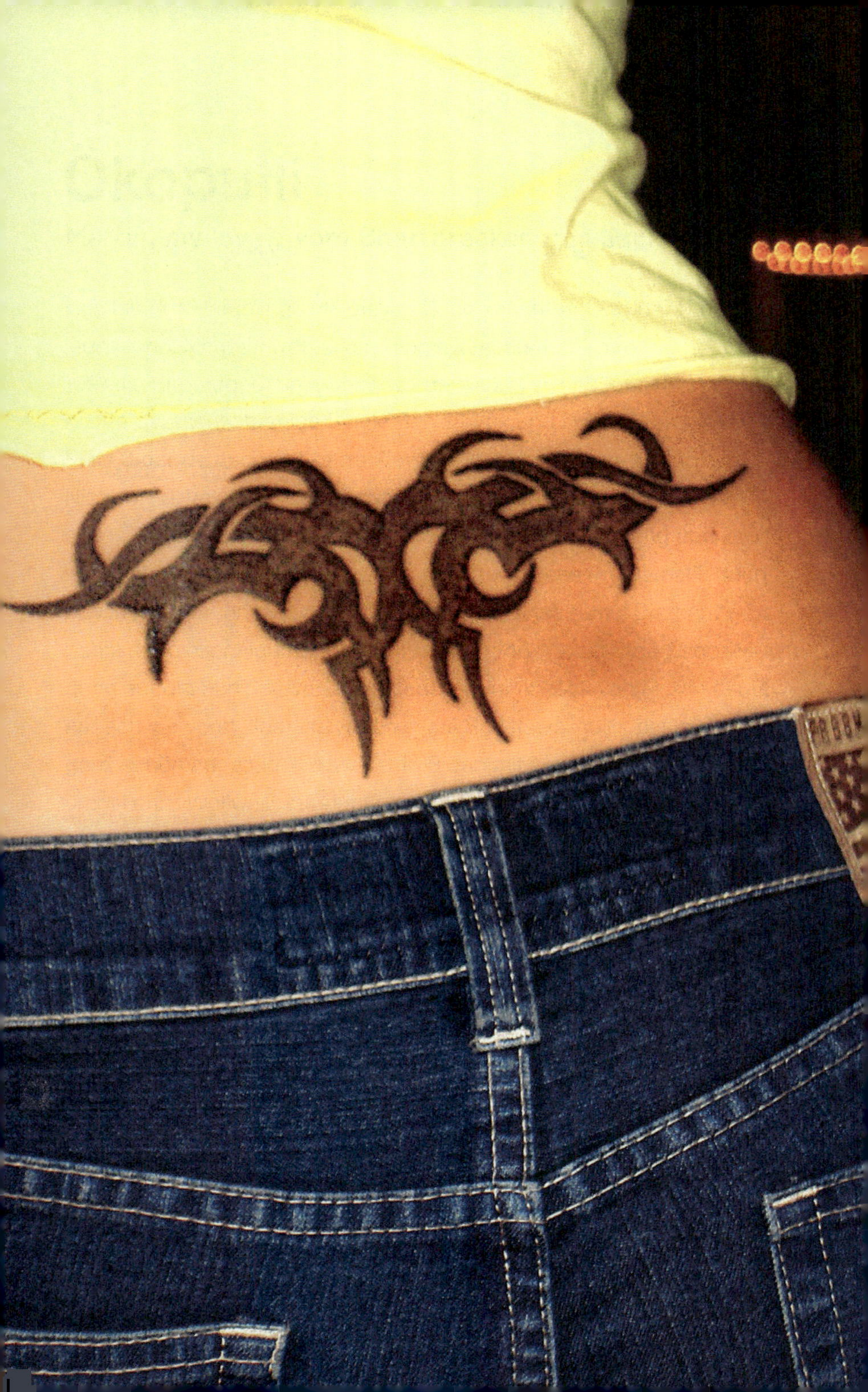

MATRIX
KEANU REEVES
LAURENCE FISHBURNE
10 JAHRE
1994-2004
F·R·I·E·N·D·S
THE TARANTINO COLLECTION
Pulp Fiction
von Quentin Tarantino
BEFORE SUNRISE
HÖR MAL WER DA HÄMMERT
VOLL DAS LEBEN

40

DVD

Und das Zurückspulen hatte ein Ende

Während wir Anfang der Neunziger noch Videos schauten, löste zum Ende des Jahrzehnts hin die DVD die VHS-Kassette immer mehr ab. Riesiger Vorteil: Wir mussten nicht mehr zurückspulen. Gerade wenn wir uns einen Film aus der Videothek ausliehen, konnte es schon mal vorkommen, dass wir den Film freudig nach Hause trugen, um dann festzustellen, dass der Film noch nicht auf Anfang war und erst einmal zurückgespult werden musste. Und das dauerte ...
Erst später wurde uns klar, dass auch die DVD einige Nachteile hatte, vor allem wenn man sie aus der Videothek auslieh: Denn je mehr Leute sie schon vor uns ausgeliehen hatten, desto verkratzter war die silberne Scheibe. So war es keine Seltenheit, dass wir die Leih-DVD gar nicht richtig abspielen konnten und der Film hakte. Und das war dann noch schlimmer als zurückspulen.
Trotzdem stellte die DVD die alte Videokassette schnell in den Schatten: viel bessere Bild- und Tonqualität, Zusatzmaterial wie Trailer oder Interviews, und durch das enthaltene Menü konnten wir mühelos jede erdenkliche Stelle im Film auswählen. Auch wenn die Fernseher in unseren Wohnzimmern noch keine wirkliche Konkurrenz zu den Kinoleinwänden waren, konnten wir nun viele der ersten Filmhits der Neunziger auch zu Hause anschauen, wie »Pulp Fiction«, »Forrest Gump« oder »Reality Bites«, der das Lebensgefühl der frühen Neunziger wie kein anderer einfing. Voll das Leben!

41

Eastpak

Wenn Rucksäcke Persönlichkeiten ausdrücken (sollen)

Rucksäcke sind nicht einfach nur praktisch. In der Kindheit gehören sie zu den ersten Accessoires, über die wir unser Modebewusstsein entdecken und entwickeln. Nicht, dass wir Kinder der Neunziger uns da mit großem Individualismus hätten schmücken können, denn für die meisten von uns galt die Heilige Dreifaltigkeit der Rucksäcke: ➳ Scout, ➳ 4You und Eastpak. Den Scout-Tornister hatten wir in der Grundschule, den 4You ab Klasse 5, und der Eastpak-Rucksack kam dann in der 8. Klasse rechtzeitig zum Beginn der Pubertät. Wer sich dieser Abfolge widersetzte – ob aus Gleichgültigkeit oder Machtlosigkeit –, wurde belächelt und als Unruhestifter gegen ein höheres Ordnungsprinzip gesehen. Der Eastpak hatte in den Neunzigern Kultstatus. Er war lässig, hatte weniger Stauraum und Funktionalität – und genau darin lag unsere Rebellion der Coolness. Wir bemalten ihn mit Sprüchen (»Love is a name, sex is a game, forget the name & play the game«), dem umkreisten Antifa-A und Bandlogos (Nirvana, Wu-Tang Clan). Einige schwärzten beim Eastpak-Schriftzug das »E« und die zwei Striche bei »T«, so dass »Asipak« übrig blieb, andere stickten Aufnäher mit Hanfsymbolen darauf. Ja, in der Pubertät hatten viele von uns das Wort »cool« groß auf der Stirn stehen.

Damals hieß es, Eastpaks hätten eine lebenslange Garantie, und wir alle dachten: »Yeah, den nehm ich mit ins Grab!« Aber spätestens als unsere Eltern sich für ihre Fahrradtouren am Wochenende auch welche kauften, war der Style-Ofen aus, und der Eastpak kam in den Modehimmel. Denn wie heißt es schon in der Bibel (des guten Geschmacks): Ein jegliches (Fashion-Statement) hat seine Zeit, und alles (Style-) Vorhaben unter dem (Fashion-) Himmel hat seine (magische) Stunde.

EASTPAK
USA

42

Dolly, das Schaf

Ein Lamm in aller Munde

Als das Klonschaf »Dolly« im Februar 1997 der Öffentlichkeit präsentiert wurde, stand unsere Welt Kopf. Plötzlich war unsere Gegenwart die Zukunft. Wir waren fasziniert, wir gruselten uns. Wir waren sicher: In irgendeinem Kellerlabor basteln sie bereits am ersten menschlichen Klon. Tierschützer übten Protest, Mediziner träumten von geklonten Organen, und in Klassenzimmern kursierten Horrorgeschichten. Wer das Pech hatte, von seinen Eltern auf den Namen »Dolores« getauft worden zu sein, freute sich fortan über einen neuen Spitznamen. Dabei war der offizielle Name des ersten Klonschafs eigentlich »6LL3«. Seinen weitaus bekannteren Spitznamen verdankte es den großen Brüsten von Dolly Parton. Da es aus den Zellen eines Euters entstanden war, hatten sich die schottischen Wissenschaftler diesen kleinen Scherz erlaubt. Für uns war Dolly, das Schaf, aber alles andere als witzig, es war das Symbol einer wahlweise glorreichen oder schwarzen Zukunft. Und das, obwohl es genau genommen gar nicht der erste Klon war. Es war nur das erste Lebewesen, das aus der Zelle eines erwachsenen Tieres geklont wurde. Es folgten weit weniger spektakulär im Jahr 2001 die erste Klonkatze, 2003 die Stute Prometea, 2005 der erste Hund und 2006 ein Wildschwein. Da hatten wir uns allerdings schon wieder unserem Alltag zugewandt, und die Zukunft lag wieder in weiter Ferne.

43

Fritt-Kaubonbons

Wenn die Süßigkeit zur Nebensache wird

Der große Kaubonbon-Streifen hatte seinen ganz eigenen Reiz für uns. Denn es machte unglaublich Spaß, ihn aufzurollen, auf einmal in den Mund zu stecken und dann so lange darauf herumzukauen, bis man ihn schließlich »kleingekriegt« hatte. Das war gar nicht so leicht, denn die aufgerollten Fritt-Streifen gaben nicht so schnell nach. Zwar war jeder Streifen eigens in kleinere »Portionen« unterteilt, doch das war lange nicht so gut, wie das ganze Ding auf einmal zu vertilgen. Geschmack war da eher Nebensache.

Aber das eigentliche Highlight waren die Sticker. Garfield war ein beliebtes Motiv auf den begehrten Aufklebern. Seine lockeren Sprüche liebten wir natürlich auch noch in den Neunzigern. Denn mit der Sendung »Garfield und seine Freunde« kam der dicke faule Kater nun auch in unsere Wohnzimmer. Und er hatte unsere Sympathien auf Anhieb sicher: Er liebte Lasagne, hasste Montage, verbrachte seine Zeit am liebsten mit Schlafen und Fressen und hatte einfach die frechsten Sprüche drauf. Stets begleitet vom treudoofen Hund Odie und seinem liebenswert trotteligen Besitzer Jon, die regelmäßig in den Genuss von Garfields Sarkasmus kamen. Auch seine Weisheiten fanden wir einfach toll und gaben sie nur zu gern zum Besten: »Das einzige Problem am Nichtstun ist, dass man nicht weiß, wann man fertig ist!«

44

SuperSoaker

Größer, höher, weiter!

Das profane Wort »Wasserpistole« war für diese Art von Gerätschaft nahezu nutzlos. Denn diese Mega-Wasserwerfer spielten in einer anderen Liga. Wurde bei den althergebrachten Spritzdingern die Pumpe hinter dem Abzug noch dazu verwendet, nur einen Spritzer pro Schuss durch den Lauf zu pusten, konnten wir mit dem Pumpgun-Mechanismus dieser Ungeheuer jetzt bis zum Anschlag Luft in den Tank drücken – und dann den Inhalt spektakulär auf alles Mögliche abfeuern: kleine Schwestern, die meterweit entfernte frische

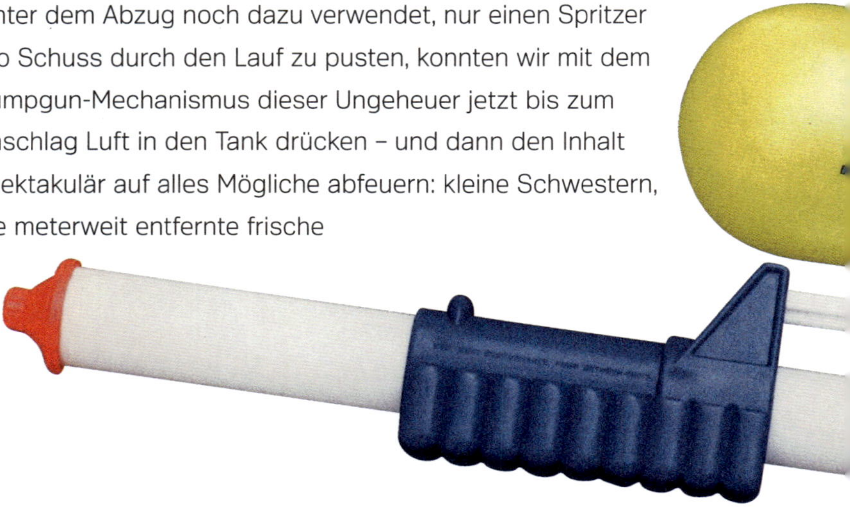

Wäsche im Nachbarsgarten oder das Garagentor (was herrlich dröhnte, aber blöderweise niemanden so richtig ärgerte). Als Opfer wurden wir auch nicht einfach nass, nein, wir erlebten eine Sintflut biblischen Ausmaßes am eigenen Leib. Wir waren »soaking wet«, zu Deutsch eben »nass bis auf die Haut«. Das hatte dann spätestens seit den Loveparades in Berlin, bei denen die SuperSoaker bald beliebte Accessoires der Raver waren, eine etwas anders gelagerte Assoziation. Und wenn wir dann noch unter dem Vordach des Fachgeschäfts einen Zweikammertank mit Schlauch entdeckten, waren wir nicht mehr zu schlagen.

GRÖSSER!
STÄRKER!
WEITER!

45

Baby-G

Meine Baby-G gehört zu mir!

Eine Baby-G durfte im Schmuckkästchen keiner Neunziger-Fashionista fehlen. G-Shocks Schwester, von Casio erstmals 1991 vorgestellt, war kleiner und damit perfekt geeignet für Mädchenhandgelenke. Genau wie ihr großer Bruder wartete die Baby-G mit allerhand nützlichen Funktionen auf, die es uns erleichterten, die Notwendigkeit der mit 149 DM ziemlich teuren Uhr gegenüber unseren Eltern zu verdeutlichen: Sie war wasserfest, diente als Stoppuhr, Timer oder Wecker. Wenn wir die Uhr aller Uhren dann endlich bekamen und begierig das Geschenkpapier aufrissen, lauerte die große Gefahr, dass unsere Eltern die falsche Farbe ausgesucht hatten. War das der Fall, war die Enttäuschung kaum auszuhalten. Denn natürlich war diese ein Statement: Mit Blau unterstrichen wir eine burschikose Sportlichkeit, Rosa schmückte das Modemädchen, Gelb enthüllte unser sonniges Gemüt, und wer sich für Schwarz entschied, wollte demonstrativ zeigen, dass er anders als die anderen war.

Allen gemein war jedoch ein kurzes Piep!, das die Uhr von sich gab, um die volle Stunde anzuzeigen. Das brachte unsere Lehrer an den Rand des Nervenzusammenbruchs. Und da die Uhren nicht funkgesteuert waren, piepte alle paar Sekunden eine andere Uhr am Handgelenk unserer Klassenkameraden. Uns jedoch erfüllte es mit einem wohligen Zugehörigkeitsgefühl. Allein waren wir nur ein Piep. Zusammen ein ganzes Orchester.

46

G-Shock

Wenn ich groß bin, werd' ich Tiefseetaucher

Hochtechnologisch, knallig bunt und vor allem: riesengroß. So liebten wir Jungs in den Neunzigern unsere G-Shock-Uhren von Casio. Wer eine hatte, trug sie mit hochgekrempelten Ärmeln zur Schau und erreichte ein gefühltes Coolness-Level von minus zehn Grad Celsius. Wir liebten die digitale Anzeige – sie war viel lässiger als ein gewöhnliches Ziffernblatt. Und wir konnten uns je nach Modell darüber battlen, wie tief man damit unter Wasser tauchen konnte (»Meine kann 80 m!« – »Meine 110 m!!« – »Im Leben nicht!!!«). Die vielen besonderen Funktionen – Stoppuhr, Countdown, Wecker, Weltzeit, Datum, Beleuchtung – gaben unserer Männlichkeit einen ungeahnten Schub, und die Übergröße der Uhr an den zarten Jünglingshandgelenken fiel mit den → Baggy Pants, Fatmaker-Sneakers und Hoody-Sweatshirts gar nicht auf. Nach circa sechs Monaten begann das Plastik auf der Haut zu stinken und wurde langsam bräunlich – egal! Patina macht ja Dinge erst richtig wertvoll, und es war bestimmt für manche Lehrer lustig zu beobachten, wie 15-jährige Jungs im Unterricht anfingen, an ihren Handgelenken zu riechen. Kompliziert wurde es nur, wenn ein Typ aus der Parallelklasse dasselbe Modell in derselben Farbe trug – Tiefseetaucher sind schließlich Unikate.

FRUIT OF THE LOOM

FRUIT OF THE LOOM FRUIT OF THE LOOM FRUIT OF THE LOOM
FRUIT OF THE LOOM FRUIT OF THE LOOM FRUIT OF THE LOOM FRUIT OF THE LOOM
FRUIT OF THE LOOM FRUIT OF THE LOOM FRUIT OF THE LOOM FRUIT OF THE LOOM
FRUIT OF THE LOOM FRUIT OF THE LOOM FRUIT OF THE LOOM FRUIT OF THE LOOM
FRUIT OF THE LOOM FRUIT OF THE LOOM FRUIT OF THE LOOM FRUIT OF THE LOOM
FRUIT OF THE LOOM FRUIT OF THE LOOM FRUIT OF THE LOOM FRUIT OF THE LOOM
FRUIT OF THE LOOM FRUIT OF THE LOOM FRUIT OF THE LOOM FRUIT OF THE LOOM
FRUIT OF THE LOOM FRUIT OF THE LOOM FRUIT OF THE LOOM FRUIT OF THE LOOM

47

Fruit-of-the-Loom-Pullover

Vom Sofa-Look zum Streetwear-Klassiker

Blaue und weiße Trauben, roter Apfel, ein paar orange Beeren und grünes Blattwert: Das Obstkorb-Emblem von Fruit of the Loom prangte in den Neunzigern auf unzähligen Baumwollshirts und -pullis. Dass das Logo konsequenterweise für die »Früchte des Webstuhls« steht, war uns nicht wirklich klar, denn dafür reichte unser Schulenglisch noch nicht. Für uns war Fruit of the Loom eine der Kultmarken, die man haben musste. Noch dazu eine, die erschwinglich war und nicht gleich wieder zu einer Diskussion mit den Eltern über den Sinn und Unsinn teurer Klamotten führte.

Wer cool sein wollte, griff natürlich zum Kapuzenpulli: super bequem, weich und einfach lässig. Ganz gleich, ob man Hip Hopper, Skaterboy oder Grunge Girl war: Jeder suchte sich seine Lieblingsfarbe aus der Regenbogenpalette aus, und schon war der Look perfekt. Dass Fruit of the Loom auch Bandshirts und -hoodies herstellte, verlieh der Marke natürlich noch Extrapunkte. Einziger Nachteil: Die Kordeln der Kapuze verleiteten die Spaßvögel in der Klasse zu allerlei Scherzen. Doch da konnte man Gott sei Dank ganz leicht Abhilfe schaffen: Kordeln einfach rausziehen – Problem gelöst.

48

ShowView

Nie wieder: »Das läuft zu spät, da schläfst du schon ...«

Was in Zeiten von Netflix, Maxdome, Sky & Co. niemanden mehr hinter dem Ofen hervorlockt, galt Anfang der Neunziger als bahnbrechende Erfindung. Die halbe Nation lief in die Hi-Fi-Läden und besorgte sich neue Videorekorder – mit ShowView-Funktion! Wie das genau funktionierte mit den Zahlen, die ab 1993 im Fernsehprogramm hinter dem Titel der Sendung auftauchten, war uns eigentlich egal. Wer den Code hatte, hatte die Macht, denn anhand der neunstelligen Nummernfolge konnten wir den Rekorder Tage im Voraus programmieren und aufnehmen, auch wenn zur Sendezeit gar niemand zu Hause war oder unsere Eltern parallel etwas anderes gucken wollten. Zahlreiche unserer Probleme lösten sich plötzlich in Luft auf. Trotz Familienabendessen die neueste Folge von »Gute Zeiten, Schlechte Zeiten« sehen? Wochenende bei Oma, obwohl Samstagabend die »100 000 Mark Show« kommt? Hausaufgaben statt »Arabella Kiesbauer«? »Trainspotting« läuft erst um 0:30 Uhr? All das war plötzlich egal. In Kombination mit dem VPS-Code konnte ShowView sogar Verlängerungen und Programmverschiebungen erkennen und die nervigen Werbeblocks überspringen. Wir waren im Paradies!

SHOWVIEW
7

49

Buffalo Boots

Ein Schuh wie ein Ziegelstein

Sind wir ehrlich: Wir fanden diesen Schuh in den Neunzigern alle etwas abgefahren. Und wer heutzutage mit stolzgeschwellter Brust behauptet, nie welche besessen zu haben, war als Teenager höchstwahrscheinlich lediglich an der elterlichen Weigerung gescheitert, einen Schuh zu kaufen, der nicht nur die Kinderknöchel gefährdete, sondern mit 189 DM übermäßig teuer zu Buche schlug.
Wer welche besaß, zog sie nicht mehr aus. Wir kombinierten sie zu
➳ **Schnellfickerhosen,** Helly-Hansen-Jacken und aufgeschlitzen
➳ **Levi´s 501**, zu Miniröcken, Felljacken und Schlaghosen. Spätestens die coolen Outfits von Baby und Ginger Spice überzeugten uns vom Plateau. Und auf der Loveparade verknacksten sich männliche wie weibliche Raver die Knöchel beim Versuch, auf den hohen Sohlen zu dancen.
Doch so schnell wie der Stern des Büffels aufging, so schnell ging er auch wieder unter. Mit dem neuen Jahrtausend wandelte sich der Buffalo Boot von top zu flop und schmückte in den Nullerjahren nur noch die Füße von ostdeutschen Techno-Freaks und westdeutschen Hauptschülerinnen, die den Schuh mit Polyester-Schlag-Leggins von Orsay kombinierten. Und die Türsteher der angesagten Clubs skandierten: »Mit Buffalos kein Einlass«. Seitdem ist der Buffalo Boot der Boomerang unter den Schuhen: Bald, so unkt man, kommt er wieder.

50

Crystal Pepsi

War es nur ein Traum oder gab es sie wirklich, die durchsichtige Cola?

Samstagvormittags, der übliche Gang in den Supermarkt für den Wochenendeinkauf mit den Eltern. Frustriert, den RTL-Kinderserien-Marathon unterbrechen zu müssen, schlenderten wir lustlos durch die Gänge und bereiteten uns innerlich auf die Quengelei kurz vor den Cola- und Chipsregalen vor (»Die anderen haben auch Cola zu Hause – nur eine Flasche, bitte! Felix darf jeden Samstag abends Chips haben, und sie bestellen Pizza!«). Doch einmal konnten wir unser theatralisches Talent nicht gleich ausspielen, zu gebannt standen wir vor den Softdrink-Produkten und konnten nicht verstehen, was uns da feilgeboten wurde: Cola, durchsichtig wie Sprite. Wie sollte das gehen? Da konnte man ja gleich grünen Ketchup erfinden, oder pinke Fanta! Crystal Pepsi hieß diese Kreation, und wir mussten sie unbedingt probieren. Tatsächlich dachten unsere Eltern damals, sie würden uns Zitronenlimo kaufen, was den Quengel-Kampf im Super-

markt überraschend erleichterte. Hätten sie gewusst, dass es sich um gewöhnliche Cola plus des zugesetzten Lebensmittelfarbstoffs E 150d handelte, hätten sie uns den Wunsch wahrscheinlich direkt verwehrt, aber manchmal muss man einfach Glück haben. Als wir geduldig die Heimfahrt überstanden hatten, ging es direkt mit der Flasche aufs Zimmer zur Verkostung. Ergebnis? Unsicher. Geschmacklich okay (vom Coca- Cola-Pepsi-Dualismus mal abgesehen), aber Cola, so klar wie Wasser? Nein, das wollten wir nicht. Und Koffein hatte sie auch nicht!

Später erfuhren wir, dass Pepsi damals bewusst versucht hatte, sich ein Gesundheitsimage aufzubauen und deswegen auf »Clear Cola« als Marktsegment gesetzt hatte. Was für ein Unsinn. Welches Kind will sich denn gesund ernähren?

ITALIA '90
WORLD CUP
100-ITA
ITALIA'90
© Copyright 1986 COL ITALIA '90
PANINI

51

Panini-Album

Stickersammeln für (und mit) Profis

Nach der Schule noch schnell zum Kiosk, die glänzenden Verpackungen in der Hand halten, minutenlang rätseln, welche wohl die richtigen Aufkleber enthält, diese Spannung beim Aufreißen, dieser Geruch. Das Paninibilder-Sammeln war für uns so etwas wie der Adventskalender für den Sommer: Es steigerte die Vorfreude auf das größte Ereignis des Jahres – egal, ob nun der Start der Bundesligasaison, eine Europameisterschaft oder sogar eine WM anstand. Wir kauften Päckchen über Päckchen, durchstöberten den Inhalt wie Drogenkranke auf der Suche nach Stoff und waren high, wenn wir einen seltenen Sticker darin fanden, der fünf oder sogar zehn gängige Aufkleber wert war. Bündelweise, fein säuberlich mit Gummibändern gesichert, schleppten wir Hunderte von Abziehbildchen jeden Tag aufs Neue in die Schule oder auf den Bolzplatz, versammelten uns in einer Ecke und handelten uns um Kopf und Kragen. Es ging zwar vordergründig darum, das Heft vollzubekommen, im Hintergrund aber rangen wir um Anerkennung und Coolness. Die Trend-Mitschwimmer konnte man schnell daran erkennen, dass es ihnen eigentlich nur darum ging, die Aufkleber der eigenen Lieblingsmannschaft inklusive Doppel-Teambild, Glitzer-Superstar und Vereinswappen zu haben. Abseits des schnöden »Ich will alle Seiten vollbekommen«-Mainstreams etablierte sich aber auch eine etwas rebellischere Szene. Sie suchten nicht die großen Stars, die ohnehin in jedem zweiten Tütchen enthalten waren, sondern absurde, schrullige und zu Unrecht links liegengelassene Typen. Etwa den Typ mit dem krassesten Vokuhila (umstritten: Mike Werner, FC Hansa Rostock, Saison 95/96) oder den hässlichsten Spieler der Welt (eindeutig: Trifon Ivanov, Bulgarien, WM 1994).

52

Henna-Tattoo

Viel besser als Arschgeweih

Spätestens als Madonna im Video zu ihrem Song »Frozen« mit Henna-Tattoos an den Händen zu sehen war, schmückten auch wir unsere Unterarme und Hände mit orientalischen Ornamenten. Der Begriff Tattoo ist allerdings etwas irreführend: Tatsächlich wurde die Haut mit pflanzlicher Hennafarbe bemalt, die etwa zwei Wochen hielt und nach und nach verblasste, bis sie ganz verschwand.
Diese Hennafarbe konnte man bereits fertig in Tuben kaufen, die eine extra feine Öffnung zum Auftragen hatten. Nur wer ganz öko drauf war, rührte sie selbst aus Hennapulver an und scheiterte

meist kläglich beim Versuch, mit einem Pinsel und flüssiger Hennafarbe verschnörkelte Ornamente zu zaubern. Deshalb ließen wir uns unsere Hände und Unterarme am liebsten von der besten Freundin verschönern. Die weniger künstlerisch Begabten unter uns halfen mit Schablonen etwas nach, damit sich das Ergebnis auch sehen lassen konnte.

Doch so schön es auch war, heute sind wir froh über unsere ornamentfreien Hände. Und die ein oder andere ➳ **Arschgeweih**-Besitzerin wünscht sich jetzt vielleicht, statt des echten Tattoos ein vergängliches Henna-Ornament auf dem Rücken zu haben.

53

Ecstasy

Die Droge der Neunziger

Wie zuvor die Hippies am Lagerfeuer, priesen Technofans in den Neunzigern beim Raven »Love, Peace & Unity«. Auf Loveparade und Mayday tanzten sie zu den Beats von WestBam, Marusha oder Sven Väth durch Nacht und Afterhour.
Und was manchem Hippie das LSD, war vielen Ravern das Ecstasy, das den Geist öffnen und für all die Liebe empfänglich machen sollte. So bunt wie die Kleidung war auch die Droge der Neunziger: Die kleinen Pillen gab es in allen Farben des Regenbogens, geprägt mit kleinen Herzen, Kleeblättern oder anderen Symbolen. Wie Smarties wurden sie im Club nach Farben getauscht, immer auf der Suche nach dem perfekten Trip.
Wie alle Drogen hatte auch Ecstasy übergroße Schattenseiten: Abhängigkeit und Überdosis. Und so begegnete uns das Thema Drogenprävention in allen möglichen Formen. Spitzensportler posierten auf Plakaten mit dem Slogan »Keine Macht den Drogen«, immer mehr Bravo-Fotolovestorys erzählten von Drogentoten, auf Festivals wurden Aufklärungs-Flyer verteilt, und ganze Klassen wurden für ein Tagespraktikum zu Streetwork-Einrichtungen geschickt. Wer wirklich überlegte, die bunten Pillen auszuprobieren, erzählte es aber garantiert nicht bei dieser Gelegenheit.
Die meisten von uns tanzten sich dann auch ohne Ecstasy in Trance oder groovten zu ganz anderer Musik – ob mit oder ohne Drogen.

Calvin Klein
Calvin Klein

54

Calvin-Klein-Unterwäsche

Auch Baumwollunterwäsche wird sexy

Noch ein Produkt der Neunziger, das seinen Ruhm der Werbung verdankt: Calvin-Klein-Unterwäsche. Mark Wahlberg, durch Hits wie »Good Vibrations« oder »United« auch bekannt als Rapper »Marky Mark«, machte die weiße Baumwollunterwäsche zum Kultobjekt. Natürlich in Kombination mit ➳ **Baggy Pants**, sodass mindestens der Bund der Unterwäsche sichtbar war – und der Schriftzug gut lesbar. Durch diverse Werbespots, Anzeigen und überlebensgroße Plakate wurde die Unterwäsche von Calvin Klein zum sexy Accessoire.
Kate Moss machte die Unterwäsche auch beim weiblichen Publikum zum Must-have. Sie verhalf auch dem Unisex-Duft CK One zu Berühmtheit. Kaum jemand hätte das Konzept Unisex besser verkörpern können als das androgyne Anti-Model, das durch seinen »heroin chic« zum Inbegriff eines neuen Schönheitsideals wurde. Sie bildete den Gegenpol zu den Supermodels Claudia Schiffer, Naomi Campbell oder Cindy Crawford. Mit zur Schau getragener Langeweile und ihrer schier unendlichen Coolness wurde sie schnell zur Ikone eines ganzen Jahrzehnts.
Wie gut die Werbestrategie funktionierte, zeigt nicht nur, dass wir Calvin Klein einfach »cool« fanden, sondern auch die Tatsache, dass die Werbeposter unsere Jugendzimmer schmückten, zusammen mit Benetton-Plakaten und natürlich den Postern aus der ➳ **Bravo**.

Der iMac war zwar irre teuer, aber wir alle wollten ihn haben – so cool sah er aus mit dem durchsichtigen Gehäuse auf der Rückseite.

55

iMac

Design gewinnt

Wirklich notwendig war er nicht, der Wechsel von Windows zu Macintosh. Doch der iMac, dieser neue Computer, war für viele von uns etwas Besonderes. Nicht, weil seine Rechenleistung so überragend gewesen wäre oder andere »hard facts« für ihn gesprochen hätten. Mitte der Neunziger hatten PC-Tower und -Bildschirme meist einen kränkelnd gräulichen Teint und damit ungefähr den ästhetischen Charme eines Kühlschranks. Doch fast jede Familie hatte einen solchen Windows-PC zu Hause, nachdem Mitte der Neunziger Bill Gates das revolutionäre Betriebssystem Windows 95 vorgestellt hatte, das mit Absonderlichkeiten wie ➳ Karl Klammer aufwartete. Bei der Konkurrenz sah es zeitgleich düster aus: Man hatte sich heftig verspekuliert und hätte wahrscheinlich bald dichtmachen müssen, wäre Apple nicht im Frühjahr 1997 auf die Idee gekommen, den Mitbegründer Steve Jobs (der in der Zwischenzeit vor die Tür gesetzt worden war) als Chef zurückzuholen. Jobs stolperte über den britischen Designer Jony Ive, der kurz davor war zu kündigen, weil seine Vorgesetzten ihn nur hässliche Klötze designen ließen. Der Rest ist Geschichte. Der iMac war zwar irre teuer, aber wir alle wollten ihn haben – so cool sah er aus mit dem durchsichtigen Gehäuse auf der Rückseite. Wir Teenies der Neunziger wussten zwar anfangs gar nicht, was wir mit ihm anstellen sollten – aber egal. Hier wurde die Saat gelegt für das, was später erst als iPod-, dann als iPhone- und schließlich als iPad-Welle über uns hereinbrechen sollte. Es ist ja bekannt, dass Teenager die wahren Trendsetter sind, und Style war bei uns immer schon Trumpf.

56
Slinky
Das Spielzeug mit Treppenwitz

Wer erinnert sich noch an Slinkys? Niemand? Das liegt vermutlich daran, dass damals keiner den Namen der bunten Treppenspirale kannte, und doch hatten wir fast alle eine zu Hause.
Viele von uns schauten aus der Ferne zunächst mit Skepsis auf die komische Neonraupe und entdeckten ihre Liebe dafür erst, als sie sie selbst in der Hand hielten. Das lustige Federn von der linken zur rechten Hand, das Ziehharmonika-artige Runterhängenlassen und natürlich das selbstständige Treppenstufenhüpfen in allen Farben des Regenbogens. Es war magisch, und wir bekamen nicht genug. Waren wir aber zu übermütig, verhedderte oder verdrehte sich Slinkys Plastik. Da brauchte es meist das Geschick großer Geschwister, um dem kleinen Freund wieder zu Vitalität zu verhelfen. Einige mussten ihn sich sogar mit ihren Geschwistern teilen – manchmal mit drastischen Folgen wie dem Zerschneiden in der Mitte. Es soll sogar den einen oder die andere gegeben haben, der, von der geometrischen Finesse überfordert, seinen Slinky zerstörte, weil er zu schön war. Sogar unser Physiklehrer war damals begeistert von diesem Spielzeug, an dem man so gut die Gesetze der Mechanik erklären konnte. Hier entdeckten wir dann ein ehernes Unterhaltungsmittel-Gesetz: Spätestens wenn ein Spielzeug im Unterricht besprochen wird, ist es Zeit für was Neues. Auch Pokémon Go war wieder out, als Lehrer anfingen, auf dem Schulhof digitale Monster zu jagen. Wann immer Eltern also gewisse Spielzeuge ihrer Kinder nicht leiden können, sollten sie einfach mitspielen, und der Spaß regelt sich von selbst.

GO

57 Flanellhemd

Die Uniform des Grunge

Wer fällt einem sofort ein, wenn man an Musik aus den Neunzigern denkt? Ganz klar: Kurt Cobain und Nirvana. Wie kaum eine andere Band prägten sie die Musikkultur und das Lebensgefühl unserer Jugend. Und unseren Style. Schnell wurden typische Accessoires der Grunge-Bands wie Holzfällerhemden, zerschlissene Jeans und Chucks zu unserem Dresscode. Auch wenn das Flanellhemd ursprünglich ein Arbeiterhemd war und in amerikanischen Städten wie Seattle zum Alltagsbild gehörte, wurde es zur Uniform der Grunge-Szene. Mit großem Karomuster, gern etwas oversized und am besten über einem T-Shirt getragen (Profis trugen es über einem Band-Shirt). Jungs, die so rumliefen, waren einfach cool. Wenn sie dazu noch längere Haare hatten und vielleicht sogar selber in einer Band spielten, flogen ihnen die Mädchenherzen nur so zu. Auch die Girls trugen natürlich Flanellhemd, zum Beispiel über einem Blümchenkleid und mit ➳ **Doc Martens**, um die richtige Mischung aus feminin und cool hinzukriegen, oder lässig um die Hüfte gebunden. Ganz egal, ob man nun Nirvana oder Pearl Jam zu seinen persönlichen Helden gekürt hatte, was diesen Look anging, gab es keine Diskussion.

58

Minesweeper

Mit Logik Bomben entschärfen

Hitzige Gefechte boten wir uns in den Neunzigern weniger auf den Schulhöfen als an den Computern unserer Eltern oder großen Geschwister. Eines der ersten vorinstallierten Spiele an den Windows-3.1-Rechnern hieß »Minesweeper«, eine abstrakte Kriegssimulation, die komplett auf logischem Verständnis basierte. Das Ziel? Auf einem Rasterfeld Bomben mit einem Fähnchen kennzeichnen, um ihre Detonation zu verhindern. Als Hinweise konnte man Zahlenfelder aufdecken, die einem zeigten, wie viele Bombenfelder an ihnen anlagen. Explodiert ist bei einem falschen Klick jedoch gar nichts, lediglich ein kleiner gelber Smiley bekam zwei Kreuze als Augen (beim Sieg übrigens eine Sonnenbrille), und man musste neu starten. In den Neunzigern hatten wir eben noch Fantasie!

Wir fingen mit dem Schwierigkeitsgrad »Anfänger« an (8x8 Felder mit zehn Minen), und wer eine Zeit unter zehn Sekunden schaffte, war der Könner. Wenn wir das Glück hatten, gleich am Anfang per Klick ein Feld zu erwischen, das viele andere Freifelder mit sich aufdeckte, fühlten wir uns wie ein strategisches Genie in der Größenordnung von Bobby Fischer. Später trauten wir uns an den Fortgeschritten- und Profi-Modus ran – meist mit vielen verstorbenen Smileys als Folge. Doch Übung machte den Meister.

Logisch denken, Bomben entschärfen und einen lachenden Smiley bekommen – Minesweeper erzog uns in den Neunzigern alle zu Pazifisten.

Hubba Bubba
Soft Bubble Gum
5 Pieces
LIVELY lime

59
Hubba Bubba
Ein echter Bubble Gum

Wenn wir die kompakte bunte Packung verheißungsvoll auf die Kiosktheke legten und das feuchte Markstück in unserer Hand hinüberreichten, war die Vorfreude kaum mehr auszuhalten. Fünf einzeln verpackte Stücke vom Glück warteten auf uns. Gierig rissen wir am beschichteten Papier, wickelten den Kaugummibrocken aus seiner Hülle und schoben ihn in den Mund. Mit dem ersten mühsamen Bissen explodierte der Geschmack – Cola, Apfel, Pfirsich, Kirsch oder Tuttifrutti. Es dauerte eine Weile, bis wir die harte Masse bewältigt und zu einer geschmeidigen, weichen Konsistenz zerkaut hatten. Dann erst konnten wir den Kaugummi seiner Bestimmung zuführen. Wir wälzten ihn mit Zunge und Zähnen platt, positionierten ihn vor der Zungenspitze und pusteten. Mit beinahe platzendem Stolz beobachteten wir die immer größer werdende Blase vor unserem Mund, bis sie mit einem leicht »Pfffft« erschlaffte. Etwa zur gleichen Zeit hatte der Kaugummi jeglichen Geschmack verloren. Da half nur nachladen und den zweiten Brocken in den Mund schieben. Wieder kauen, wieder pusten, eine noch größere Blase, dann der nächste Brocken. Bis wir alle fünf Kaugummis im Mund hatten, weder sprechen noch schlucken konnten und noch tagelang an Kiefersperre litten. Aber das war es uns wert!

60
Fünfmarkstück

Die mächtigste Münze der Welt (zumindest unserer)!

Das Fünfmarkstück war natürlich keine Erfindung der Neunziger, aber es hatte für uns eine ganz besondere Bedeutung. Wir hatten mit diesem schweren Oschi in der Tasche das Gefühl, uns die ganze Welt kaufen zu können. Oder eine Riesentüte Süßigkeiten, was im Zweifel dasselbe war. Wer schon ein wenig älter war und statt an weißen Mäusen, sauren Pommes oder Lakritzschnecken lieber schon an Fluppen nuckelte, brauchte nur einen »Silberadler« in den nächsten Zigarettenautomaten zu werfen und konnte dann klammheimlich hinter dem nächsten Gebüsch oder auf dem Bolzplatz fernab der elterlichen Augen dem ersten Nikotinflash frönen. Regelmäßige Frankreich-Urlauber kamen früher oder später auf eine ausgefuchste Alternati-

ve: Ein Zwei-Francs-Stück, umgerechnet knapp 60 Pfennig, ging in vielen alten Automaten auch als D-Mark-Fünfer durch. Ein klasse Geschäft!

Die Fußballfans unter uns kannten den »Heiermann« spätestens seit 1995 auch als Bußgeld. Wenn nämlich die Gäste der Bundesliga-Talkrunde »Doppelpass« im sonst nur für »Takeshi's Castle«, »American Gladiators«, spätnächtliche Softpornos und »Ruf-Mich-An!«-Werbung bekannten Deutschen Sportfernsehen zu faul waren, eigene Gedanken zum Spieltag zu äußern und sich ausgelatschter Fußballphrasen bedienten, dann musste im wahrsten Wortsinn »das Runde ins Eckige«: Fünf Mark ins Phrasenschwein!

61

Freundschaftsbändchen

Der selbst geknüpfte Freundschaftsbeweis

Wie konnte man der besten Freundin zeigen, dass man sie besonders schätzte? Mit einem Freundschaftsbändchen natürlich! Zum Graus unserer Mütter trugen wir etliche davon am Arm, die dort oft monatelang überdauerten. Um Glück zu bringen, mussten sie nämlich von allein abfallen. Und das konnte dauern ... Natürlich konnte man Freundschaftsbändchen auch kaufen, doch ein Beweis echter Freundschaft war nur ein selbst gemachtes Bändchen. Je schöner und aufwendiger das Muster, desto größer die Freundschaft. Am liebsten machten wir sie unter der Schulbank. Die Fäden wurden an eine Sicherheitsnadel geknüpft und auf Oberschenkelhöhe an die Jeans gepinnt. So konnten wir weitgehend unbeobachtet unter dem Tisch an unserem Werk flechten. Damit wurde auch noch die langweiligste Mathestunde erträglich. Nur erwischen lassen durften wir uns nicht. Denn dann war die ganze schöne Arbeit erst mal umsonst und das Bändchen weg. Die Muster fanden wir in Zeitschriften, oder wir ließen uns die Tricks und Kniffe von Freunden zeigen. Die Übereifrigen holten sich sogar Bücher mit professionellen Knüpfanleitungen. Internet hatte damals ja noch kaum einer ... Und wer richtig Glück hatte, bekam ein Freundschaftsbänder-Knüpfset von Oma zum Geburtstag. Das sah dann richtig profimäßig aus. Aber eigentlich ging es ja viel mehr um die Freundschaftsbekundung, da war es auch egal, wenn das Bändchen etwas kümmerlich ausfiel.

62

Pager

Übergangstechnik mit Kultstatus

Sie hießen Skyper, TelMi, Quix oder Scall und waren begehrte, oft geneidete Statussymbole im damals noch internetfreien Raum. Wer einen Pager sein Eigen nannte, hatte entweder ewig lange darauf gespart (was eher unwahrscheinlich war) oder reiche Eltern, die glaubten, sie würden ihren Kindern damit einen Gefallen tun. Von wegen! Die Dinger waren zwar neu und cool, aber sie brummten auch gerne

mal lautstark während einer Schulaufgabe und wurden deshalb auch mit Vorliebe von technikbegeisterten Lehrern konfisziert. Wir, die wir keinen Pager besaßen, mussten uns von den Angebern in der großen Pause anhören, was so ein Teil alles konnte. Man konnte damit – Anschnallen! – genau drei Dinge:

1. Nachrichten mit bis zu 80 Zeichen an Freunde verschicken, die ebenfalls einen Pager hatten,

2. sich Kurznachrichten aus 99 Mini-Nachrichtenprogrammen zu Wetter, Weltpolitik, Börse oder Boulevard schicken lassen, und

3. sich auf einer persönlichen Nummer anrufen lassen (und dann aber nicht rangehen, sondern sich nur anzeigen lassen, wen genau man zurückrufen sollte).

Es war schon irgendwie unterhaltsam, sich die Ergebnisse der Bundesliga quasi live aufs graugrün hinterlegte Display schicken zu lassen und sogar das lokale Kinoprogramm studieren zu können. Zumal damals an Apps, Facebook, Twitter, Snapchat und Co. noch nicht zu denken war. Die wenigen unter uns, die so ein Teil besaßen, hatten bestimmt das Gefühl, am Puls der Zeit zu sein und wichtige Infos als Erste zu bekommen. Aber auch da haben wir als Teenager unsere Rolle ziemlich überschätzt. Was wollten wir schließlich mit den Börseninfos und Pressenews anfangen? Aber es dauerte nicht lang, da kamen die ersten Handys auf den Markt, und es war schlagartig aus mit dem Pagerzauber. Ätsch!

63

Marijke Amados Zauberkugel

Der größte Hoax der Fernsehgeschichte

Der Plan reifte in uns mit jeder Woche, die wir die Mini-Playback-Show gebannt vor dem Fernseher verfolgten: Einmal durch Marijke Amados Zauberkugel gehen und sich in einen Star verwandeln. Einmal als Spice Girl tanzen, als Guns n' Roses rocken oder als Dr. Alban »It's my life« schmettern.

Die größte Hürde sahen wir darin, uns für einen Künstler zu entscheiden. Dann, so dachten wir, müssten wir uns nur anmelden. Und das Beste: Jeder – wirklich jeder, nicht nur der Gewinner – bekam am Ende ein Keyboard. Und man konnte echte Stars treffen. Und, natürlich, herausfinden, wie diese seltsame Kugel funktionierte.

Im Angesicht der Wahrheit, die uns von gutmeinenden Eltern, gehässigen Klassenkameraden oder fiesen Geschwistern geflüstert wurde, zerplatzte der Traum wie eine Seifenblase: Nicht jeder kam in die Show, die Zauberkugel war nur ein Raum voller Maskenbildner, und das Keyboard konnte man sich günstig in jedem Spielzeugladen kaufen. Es war erschütternd. Vor allem, wenn man bedachte, wie lange der Betrug über die Bildschirme lief: Von 1990 bis 1998 strahlte RTL die Sendung erfolgreich aus. Die Zauberkugel der Moderatorin gab es allerdings nur von 1993 bis 1995. Davor fielen wir auf die Zaubertür, danach auf den Zaubertunnel herein. Mit Kindern kann man es ja machen.

64

Pringles

Liebe auf den ersten Pop

Fettig, maßlos und ungesund.
Oh, wie liebten wir Kinder der Neunziger unsere Kartoffelchips. Das Knistern der Tüte (das Kaminfeuer unserer Jugend), das behutsame Öffnen, bei dem sich eine feine erste Duftnote des Gewürzaromas im Raum verteilte – nur für den Öffnenden exklusiv wahrnehmbar –, das vorsichtige Reingreifen in die volle, unschuldige Packung und das Ergattern der besonders großen Chipsblätter am Anfang – Crunch! Leider haben uns unsere Eltern das knusprige Glück nur selten bis gar nicht beschert – zu skeptisch und verantwortungsbewusst waren sie noch. Dabei war das Sortiment an Kartoffelchips damals sehr übersichtlich: Es gab Chio Chips, Crunchips und Funny Frisch (natürlich »Ungarisch«), etwas abgeschlagen dann Chipsletten und das öde weite Feld der Salzstangen- und Salzknabbergebäcke.
Das alles änderte sich, als wir Pringles entdeckten. Seit 1996 in der coolen Alu-Papprolle (Gruß an die Umwelt!) und den Sorten »Original«, »Paprika« und »Sour Cream & Onion« erhältlich, wollten wir nur noch diese Chips und quengelten uns im Supermarkt Krokodilstränen in die Augen und Verzweiflungsfalten auf die Stirn. War es, weil sie aus Amerika kamen? Weil das Gesicht des Schnurrbartmännchens so lustig aussah? Die Gewürzmischung, die man so schön von der gewölbten Seite ablecken konnte? Oder die Konsistenz? Man weiß es nicht. Später erfuhren wir, dass Pringles nicht mal richtige Kartoffelchips waren, weil sie nur aus Kartoffelflocken hergestellt wurden und der Erfinder der Pringlesrolle sich sogar in einer seiner Dosen hat einäschern lassen – und wurden auch skeptisch.

Die Faszination von Kindern ist unbeschwert und unergründlich. Nie wieder wird es uns so leichtfallen, uns glücklich zu fühlen. Heute ist uns gesunde Ernährung ein Heiligtum, aber sind Rote-Bete-Chips wirklich die Lösung unserer Probleme?

SOLES

65

Doc Martens

Rebellion an den Füßen

Schuhe waren etwas, über das wir lange gar nicht weiter nachdachten. Meist nahmen wir einfach mit dem vorlieb, was Mama für uns aussuchte. Doch spätestens mit den ersten Anzeichen der Pubertät sollte sich das von Grund auf ändern. Nun wurde der richtige Style entscheidend. Und da konnte man auch nicht mehr irgendwelche Schuhe tragen. Schließlich galt es, von Kopf bis Fuß cool zu sein. Erstaunlicherweise erfüllte das ausgerechnet ein Schuh, der ursprünglich zu orthopädischen Zwecken erfunden worden war. Die Stiefel von Dr. Martens, auch Doc Martens oder einfach Docs genannt, waren eigentlich der Traum aller Eltern: bequem, dank innovativer AirWair-Sohle gut für die Füße, solide gefertigt und strapazierfähig (die Sohle versprach Öl, Fett, Säure, Benzin und Lauge standzuhalten).

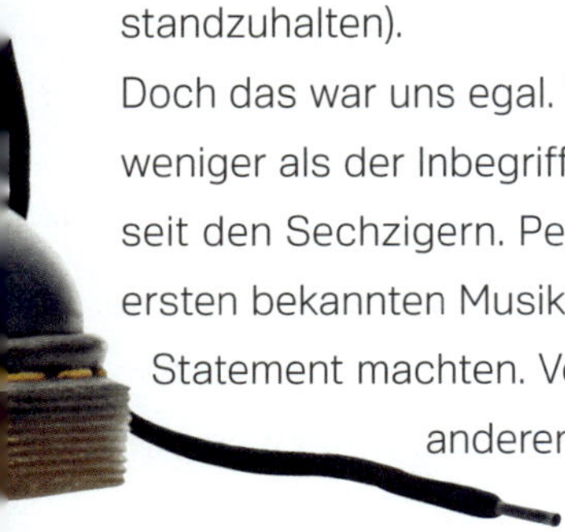

Doch das war uns egal. Viel wichtiger: Diese Stiefel waren nichts weniger als der Inbegriff von Subkultur und Rebellion. Und das schon seit den Sechzigern. Pete Townsend von The Who war einer der ersten bekannten Musiker, die den Arbeitsschuh zum modischen Statement machten. Von da an übernahm eine Subkultur nach der anderen die Vorliebe für Docs. Das galt natürlich auch für die Neunziger: Ob Alternative Kids, Punks, Metalheads oder Britpopper – auf den Schuh mit der markanten gelben Naht konnten wir uns alle einigen. Ohne den Bezug zu Musik und Protestkultur wären Docs einfache Arbeitsschuhe geblieben, aber so wurden sie zu Stiefeln mit Haltung.

66

Kreppeisen

Der heißeste Trend der Neunziger

Es ist nichts dagegen einzuwenden, sich die Haare mithilfe elektronischer Geräte zu verschönern. Der Kauf eines Lockenstabs oder Glätteisens ist eine nachvollziehbare und meist langjährige Investition. In den Neunzigern allerdings wollten wir weder niedliche Korkenzieherlocken noch verführerischen Glanz – wir wollten Haare wie Wellpappe.

Und wir bekamen sie durch das Kreppeisen. Stundenlang malträtierten wir Strähne für Strähne mit dem heißen Gerät, nur um hinterher auszusehen, als hätten wir in die Steckdose gefasst. Dass wir uns zusätzlich Strähnchen in der Farbe »Pflaume« in die Haare färbten, machte es nicht besser. Damals allerdings schien uns all der Aufwand mehr als gerechtfertigt, schließlich waren wir modetechnisch so ganz vorne mit dabei – Baby Spice, Christina Aguilera oder Jennifer Love Hewitt machten es uns schließlich vor.

In Kombination mit hellblauem Lidschatten, den wir gerne bis kurz unter die Braue malten, war der Krepp-Look perfekt. Denn, so redeten uns die Frauenzeitschriften ein, auf diese Art kämen unsere blauen (wahlweise grünen oder braunen) Augen besonders gut zur Geltung. Was heutzutage höchstens im Zirkus als angemessen durchgehen würde, war in den Neunzigern todschick. Und so stolzierten wir als Clowns über den Schulhof und fanden uns dabei auch noch umwerfend. Allerdings nur für eine kurze Zeit. Danach warfen wir das Kreppeisen in den Müll. Eine gute Investition sieht dann doch anders aus.

67

MiniDisc-Player

Als wir die Zukunft wollten und eine Übergangstechnologie bekamen

Die Neunzigerjahre waren ein kunterbuntes Sammelsurium von technischen Spielzeugen. Was haben wir nicht alles gekauft und ausprobiert,

was heute keinen mehr interessiert, aber damals ein großer Hype war: »→ **Tamagotchi**, blinkende Schuhe mit Rollen in der Sohle, »→ **Pager** und … richtig, MiniDisc-Player! 1991 stellte Sony sein erstes Modell vor, und es dauerte bis zum Ende des Jahrzehnts, bis wir deutschen Kids davon Wind bekamen. Die MiniDisc sollte Nachfolger der Kassette und der CD werden: kleiner und mit besserem Sound, fertig bespielt oder wiederbeschreibbar, die Player flach im Hosentaschenformat und mit digitalem Display. Viele von uns stürzten sich auf diese technologischen Siebenmeilenstiefel und schossen ihr Weihnachts-, Geburtstags- oder Konfirmationsgeld in die Luft. Wurde unser Traum erfüllt, überspielten wir CD-Tracks auf unsere MiniDisc-Mixtapes mit atmosphärischen Namen wie »Chill-Out-Cool-Collection«, »Rock 'n' motherfuckin' Roll-Playlist« oder »70s-Flower-Hippie-Mix« und präsentierten sie stolz und abgeklärt unseren Freunden.

Doch auch bei uns Technik-Early-Birds gab es wieder einmal Lagerbildung: Entweder man schloss sich der MiniDisc- oder der etwa gleichzeitig aufstrebenden MP3-Fraktion an. Und wir wissen alle, welche Gruppe am Ende recht behalten sollte. Ja, die MiniDisc war cooler. Ja, am Anfang glaubten wir, die MP3-Player mit ihren Mini-Speichern wären uns weit unterlegen. Aber ja, wir hatten die Entwicklung nicht vorhergesehen.
Rest in peace, MiniDisc, es war schön mit dir.

68

CenterShocks

Boah, sind die krass – noch einen!

Man konnte ja nicht immer ein ➳ **Fünfmarkstück** dabeihaben und sich den halben Kiosk kaufen. Wenn wir mal zufällig zehn Pfennig in der Hosentasche fanden, mussten wir uns schon gut überlegen, für was wir den Groschen ausgaben. Keine einfache Wahl, denn die Süßwarenfabrikanten hatten sich bis spätestens Mitte des Jahrzehnts gehörig ausgetobt und eine Reihe von seltsamem und sonderbarem Schleckzeug erfunden. Die Konkurrenz bei den Kaugummis wurde für die Klassiker von Wrigley's von Jahr zu Jahr größer. Es gab inzwischen Kaugummischlangen von einem ganzen Meter (!) Länge, »Magic Pops«, die zuerst im Mund poppten und bizzelten, bis aus ihnen fast vollständig geschmackloser Zement wurde – und es gab die widerlichen roten Streifen mit Zimtgeschmack. Das bei weitem Krasseste, was wir für ein paar Pfennige kaufen konnten, waren aber »Center Shocks«, die, sobald wir sie in den Mund schoben, so dermaßen sauer waren, dass es uns die Backen zusammenzog, als hätten wir gerade in ein Dutzend Zitronen gleichzeitig gebissen. In der Mitte war dann zwar ein Kern aus süßem Gelee, aber wir wollten gleich das nächste saure Extrem. Und so gab es unzählige »Center Shock«-Wettessen auf dem Schulhof: Wer bekam am meisten davon in den Mund? Im Zweifel erkannte man den Gewinner daran, dass er irgendwann in der darauffolgenden Schulstunde seltsam grün um die Nase wurde und sich mit einem gepressten »Ich muss mal …« Richtung Klo empfahl.

SHOCK

69

Zaubertrolle

Die Nudisten unter den Kinderspielzeugen

Kleine, meist nackte (!) Trollpuppen mit neonfarbenen Haaren, die senkrecht nach oben stehen. Das war Kult in den Kinderzimmern und der Beweis, dass auch Mädchen nicht nur auf niedliche und hübsche Dinge abfahren. Denn genau genommen waren die Trolle nicht sehr ansehnlich: mit Falten um die großen Kulleraugen und einem etwas unheimlichen Grinsen. Nur die überdimensionale, leuchtend bunte Haarpracht lenkte davon ab. Und einige der Zaubertrolle hatten noch dazu einen »Wunsch-Juwel« im Bauchnabel, der laut Werbung Träume wahr werden ließ. Wollten wir sie deshalb unbedingt haben?
Ob als Spielfigur, Sammelobjekt oder Glücksbringer – die hässlichen, aber doch irgendwie liebenswerten Kerlchen waren eine Zeit lang allgegenwärtig. Auch an Schlüsselbunden und Rucksäcken trugen wir sie mit uns herum. Eigentlich konnten wir mit den Trollen nicht wirklich viel machen, aber eins war klar: Wir mussten so viele wie möglich davon haben. Unser Sammelwahn kannte ja auch bei anderen Dingen wie ➳ **Plastikschnullis** oder ➳ **Stickeralbum** keine Grenzen. Und die bunte Mähne lässt zumindest eine entfernte Ähnlichkeit mit den beliebten ➳ **My little Ponys** erkennen. Auch wenn die Pferdchen natürlich viel niedlicher waren.

70

Karl Klammer

Nervig, nutzlos und nie ganz weg

Büroklammern sind in der Regel ziemlich praktisch. Manchmal sind sie aber auch einfach nur furchtbar, so wie Karl Klammer oder »Clippy«, wie er im englischen Original hieß. Dieser vollkommen nutzlose Hanswurst in 3D-Optik hüpfte einem bei Microsoft-Word jedes Mal in genau diejenige Zeile eines Dokuments, in der man gerade beim Abtippen seiner Hausarbeit oder beim Abschreiben der Command&-Conquer-Cheats-Tabelle war. Dauergrinsend fragte er uns bei jedem dritten Anschlag auf der Tastatur: »Sie möchten anscheinend einen Brief schreiben. Brauchen Sie Hilfe?«. Ein paar Updates später konnten wir ihn sogar auch in eine Katze, einen Hund oder Mutter Erde verwandeln – der Nervfaktor jedoch blieb gleich, denn Wegklicken funktionierte nur für kurze Zeit. Schon beim nächsten Dokument war er wieder da. Und war er mal da, konnte man ihn kaum ignorieren. Dauernd wuselte er in der Gegend herum, verwandelte sich puff! in ein Fahrrad oder knüllte das Blatt Papier theatralisch zusammen, auf dem er herumhockte. Wer wirklich ein Problem hatte, fragte lieber jemanden, die großen Geschwister – oder wechselte zum ➳ iMac.
Nachdem er ab 1997 Millionen von Usern in den Wahnsinn getrieben hatte, fand Microsoft zehn Jahre später endlich ein Einsehen und stampfte die nervigste Büroklammer der Welt für immer ein.
Rest in peace, Karl Klammer (und komm bloß nicht zurück).

Was möchten Sie tun?
Geben Sie hier Ihre Frage ein, und klicken Sie auf "Suchen".
Optionen
Suchen

carhartt®

71

Carhartt-Pulli

Der Instantkaffee der Coolness

Als wir in den Neunzigern anfingen, uns für Mode zu interessieren, wurde bald klar, dass wir uns für ein Style-Lager entscheiden mussten. Es gab die Hippies und die Ökos, die Punks und die Rocker, die Skater und die Hip Hopper, die Mainstreamer und natürlich jene, die einfach anzogen, was Mutti ihnen in den Schrank legte. Wer sich für die Skater und Hip Hopper entschied, musste seinerzeit in den Titus- oder den Frontline-Katalog schauen, um zu wissen, welche Marken für Schuhe, ➳ **Baggy Pants**, sowie T- und Sweatshirts angesagt waren – und dann die Eltern anflehen, die horrenden Preise dafür zu bezahlen. Ein Standard-Style-Utensil für uns Skater in den Neunzigern war der Carhartt-Sweater: ein simpler, etwas weitgeschnittener Baumwollpulli in Dunkelblau oder Schwarz mit dem in weiß aufgenähten Markenlogo auf der Brust. Wer ihn trug, zeigte sofort Flagge und fühlte sich cool und edgy. Obwohl ihn viele in der Schule hatten und wir damit weit entfernt von einer individuellen Note waren, adelte er uns wie eine Rüstung des persönlichen Geschmacks. Wie furchtbar, wenn eine Klassenparty anstand und der geliebte Sweater in der Wäsche war! Dann mussten wir auf die ollen Pullis zurückgreifen, die aus der Zeit stammten, als wir uns noch nicht für Style interessierten! Einige von uns griffen dann sogar selbstbewusst zum Fön, andere blieben lieber gleich den Partys fern. Oh, wie empfindlich wir damals waren, wenn es um unser Image ging. Aber wir wussten damals schon: Be fly or be toy!

72

Poesiealbum

Die Pinnwand der Neunziger

Das Poesiealbum war so etwas wie das Facebook unserer Kindertage: Denn wir sammelten darin Freunde. Die leeren Seiten der meist bunten Bücher ließen wir von Klassenkameraden, Nachbarskindern oder Geschwistern gestalten, deren Büchlein wir im Gegenzug selbst mit unseren Beiträgen anreicherten. Unsere Eltern, die als Kinder auch schon derartige Alben besessen und den nostalgischen Wert im Gegensatz zu uns bereits erkannten hatten, ermahnten uns beim Eintragen zur Ordentlichkeit. Wir hingegen lebten noch einzig in der Gegenwart, und es erschien uns unmöglich, kleine, sorgsam eingeklebte Umschläge im Album wie gefordert »erst in zehn Jahren« zu öffnen. Und so erfuhren wir meist sofort, dass die Freundschaft zu XY ewig halten würde.
Was unsere Eltern nicht kannten, waren die sogenannten Freundschaftsbücher, die sich immer größerer Popularität erfreuten. Hier musste der Eintragende weniger kreativ sein, als vielmehr mitteilungsbedürftig: Über zwei Seiten füllten wir darin eine Art Steckbrief aus, gaben bereitwillig Infos zu Hobbys, Berufswunsch, Spitznamen oder Kontaktdaten und klebten ein Foto von uns darüber. Zu unserem Glück haben zukünftige Arbeitgeber keine Möglichkeit, die Inhalte der Alben auszuspähen. Die Kinder von heute sind da schlechter dran!

Vergiß
mich
nicht
drin stecken

73

Jo-Jo

Die Trickkiste der Automatischen Jo-Jos

Jo-Jos?, dachten wir zuerst, das ist doch ein alter Hut, oder? Tausend Jahre alt, kommen irgendwo aus China oder Griechenland, und schon unsere Eltern haben mit welchen gespielt. Langweilig!
Aber wir wurden eines Besseren belehrt. Zwar gab es seit langer Zeit Kaiserliche Jo-Jos, Schmetterlings-Jo-Jos und später Off-String-Jo-Jos, doch erst in den Neunzigern kamen die sogenannten Automatischen Jo-Jos auf den Markt, mit denen wir faszinierende Kunststücke vorführen konnten, wie den Walk the dog, den Eiffelturm und die Jamaikanische Flagge. Der Kniff? Die Automatischen Jo-Jos konnten schlafen, das heißt, im Leerlauf drehend unten an der Schnur hängen und von allein aufwachen, also zur Hand zurückkommen. Die Jo-Jos lösten damit kurzzeitig das Diabolo als kultig-kauziges Artistenspielzeug ab und unterhielten uns in den großen Pausen, auch wenn die Game-Boy-Fraktion immer etwas skeptisch zu uns herüberlugte. Wie jeder Trend gingen auch die Jo-Jos nach einer gewissen Zeit wieder, doch an die Momente, in denen wir uns wie Schulhof-Akrobaten gefühlt haben, erinnern wir uns noch heute ganz genau. Spot on!

FUN
FUN
FUN

LEVI STRAUSS & CO.
SAN FRANCISCO, CAL.
ORIGINAL RIVETED
QUALITY CLOTHING. XX
TRADE
MARK
PATENTED IN U.S.
MAY 20 1873
Care Instructions Inside Garment 100% Cotton
501
WPL 423
W 36 L 30

74

Levi's 501

Die Hose der Neunziger

Wenn es um den absoluten Neunziger-Style in Sachen Mode geht, kommt man an einer Hose nicht vorbei: der 501 von Levi's. Gerades Bein, legerer Schnitt, relativ hoher Bund und Knopfleiste – so und nicht anders musste eine Jeans aussehen. Natürlich trugen wir sie wie so vieles andere gern etwas oversized. Wenn die Jeans schon etwas mitgenommen aussah und an Knie oder Po eingerissen war – dann war sie perfekt!

Der Stone-washed-Look war da erst der Anfang. Denn natürlich halfen wir auch etwas nach, damit die Jeans auf keinen Fall wie neu aussah. Sehr beliebt war es, die Hose unten an der Seitennaht ein paar Zentimeter aufzutrennen oder gleich aufzuschneiden. Das gab ihr einen noch cooleren Look. Aktionen wie diese raubten unseren Eltern dann wirklich den letzten Nerv. Schließlich hatte diese »einfache« Jeans rund 140 Mark gekostet. Das war auch der Grund, warum viele unserer Eltern nicht einsahen, uns eine Levi's zu kaufen. Wer Glück hatte, konnte vielleicht noch mit dem Argument punkten, dass das echte Qualität war und bestimmt ewig halten würde, alle anderen mussten sich die Hose mühsam vom Taschengeld zusammensparen. Bis dahin hieß es, mit irgendeiner »No-Name«-Jeans klarzukommen und sie möglichst lässig zu tragen, damit nicht gleich auffiel, dass es keine echte Levi's war. Das klappte allerdings nur äußerst selten. Zu wichtig waren uns Marken wie Levi's, ➳ Carhartt-Pulli oder ➳ Eastpak.

75

Zitronenteepulver

Der Tee, der Zahnärzten die Existenz sicherte

Süß-säuerlich und leicht künstlich schmeckte das Gesöff, das viele von uns täglich von ihren Eltern in die Trinkflaschen gefüllt bekamen. Der Instant-Tee war günstig, schnell zuzubereiten und ergiebig. Eine 400-Gramm-Packung reichte für vier Liter des klebrigen Getränks. Wer allerdings einmal süchtig war, kam von dem Zeug nur schwer wieder los. Wasser schmeckte dann langweilig, ungesüßter Tee oder Fruchtsäfte waren viel zu sauer. Spätestens beim Schulzahnarzt zeigten sich allerdings die unangenehmen Nebenwirkungen des »Tees«: Denn der darin enthaltene Zucker nagte sich stetig durch die Milchzähne.

Wer von uns als Kind noch eifersüchtig auf die Trinkflasche des Nachbarn schielte, »nur einen Schluck« erbettelte und den Öko-Haushalt seiner Eltern verfluchte, war ihnen zwanzig Jahre später dankbar für die Wasserflasche oder den mit Honig gesüßten Hagebuttentee im Schulranzen.

Immerhin verurteilte der Bundesgerichtshof die Hersteller des sogenannten »Kindertees« 1991 zu Schadensersatz, da sie es versäumt hatten, auf die Schädigung des kindlichen Gebisses durch das Dauernuckeln an den Teefläschchen hinzuweisen. Den Zähnen half das Urteil allerdings herzlich wenig.

76

Golf III

Der (nicht ganz) rostfreie Traum von Freiheit

Wenn ein Automodell als Ikone für den Charakter einer ganzen Generation herhalten kann, so ist es der berühmte Golf III, der zwischen 1991 und 1997 bei Volkswagen vom Band lief. Der Schriftsteller Florian Illies zog im Jahr 2000 in seinem Bestseller »Generation Golf« die Parallelen zwischen dem Auto und der Generation, die in den 1970ern und 1980ern aufwuchs: unkritisch, multioptional und konsumorientiert. Harter Tobak!

Es gab den Golf und seinen kleinen Bruder, den Polo, dementsprechend in verschiedensten Versionen – darunter auch als furchtbar bunten, nach Flickenteppich aussehenden »Harlekin«, bei dem jedes einzelne Bauteil der Karosserie anders lackiert war.

Hässlich, ja, aber ganz und gar zeitgeistig in Pri-

märfarben. Auch eine Reihe von Sondermodellen kam auf den Markt, die jeweils den Namen einer in die Jahre gekommenen Rockband führten: Genesis, Pink Floyd, Bon Jovi oder Rolling Stones.
Zum Leidwesen seiner Besitzer zeigten sich an vielen Bauteilen der Neunziger-Golfs aber bald Rost und andere Verschleißerscheinungen und machten das außen glänzende Vorzeigemodell in buntem Lack später zu einem Dauerbesucher in den KFZ-Werkstätten. Das alles aber konnten wir damals noch nicht wissen. Uns erschien der Golf – wie im Prinzip jede andere Rostlaube auch – als der Inbegriff von Freiheit. Am besten im Sommer als Cabrio.

77

Raider

Der kosmopolitische Schokoriegel

»Raider heißt jetzt Twix, sonst ändert sich nix!« Mit diesem catchy Slogan wurde 1991 die Umbenennung des leckeren Schoko-Karamell-Keksriegels eingeläutet. Dass eine Süßigkeit, die für uns schon immer Raider hieß, einfach so umbenannt wurde, sorgte erst mal für Verwirrung. Doch der Grund war eigentlich ganz plausibel: Raider hieß in fast allen anderen Ländern Twix, deshalb sollten die Namen vereinheitlicht werden, um Werbemaßnahmen besser koordinieren zu können. Trotzdem klang der neue Name für uns erst mal komisch. Auch wenn uns damals gar nicht klar war, dass wir Raider ohnehin nie richtig (also englisch), sondern deutsch ausgesprochen hatten. Aber das war früher ja gar nicht so ungewöhnlich und ist uns auch sonst nie wirklich aufgefallen. Man denke nur an Miracel Whip, das vom englischen Miracle Whip eingedeutscht wurde.

Zwar änderte sich nur der Name, und der Geschmack blieb gleich, doch irgendwie konnten wir uns nicht so ohne Weiteres an den Verlust unseres liebgewonnenen Raiders gewöhnen. Und das, obwohl sich die breit angelegte Werbekampagne wirklich Mühe gab, möglichst kosmopolitisch und trendig daherzukommen: »New York – Tokio – London – Paris – rund um die Welt heißt Raider Twix. Alles klar? Raider heißt jetzt Twix!«

Twix
Raider

78

Bauchfreie Tops

Die große Nabelschau

Wer heutzutage fürchtet, sein Sprössling könne sich die Knöchel verkühlen, kannte die Sorgen einer Neunziger-Mama nicht. Jeden Winter bangten unsere Mütter um unsere Nieren und Blasen, die wir willentlich freilegten und der kalten Zugluft aussetzten. Denn nichts war angesagter als bauchfreie Tops. Durch alle Subkulturen setzte sich die Nabelschau durch: Hip Hopperinnen trugen Baggy Pants und hochgeknotete T-Shirts, Grunge-Mädchen kombinierten die Tops zu Latzhosen, und auf der Loveparade hüpften Techno-Girlies in neonfarbenen Bikinioberteilen und Netzhemden zum Beat. Was im Winter noch durch Mäntel verdeckt wurde, zeigte sich im Sommer in seiner ganzen Pracht: Fußgängerzonen voll von Speckröllchen, Piercings und herausstehenden Bauchnabeln. Die meisten von uns hatten weder die Figur von Britney Spears noch den Sixpack von Sporty Spice. Das hielt uns nicht davon ab, unseren vor dem Spiegel erprobten Hüftschwung bauchfrei zu präsentieren. Schließlich waren wir jung, und wir fühlten uns sexy.

79

Rolf

Wie eine Hand mit Gesicht ein ganzes Land zum Blättern brachte

Zu Beginn des Jahres 1993 tauchte eine bis über beide Ohren grinsende gelbe Hand mit übergroßer Sonnenbrille überall auf: zuerst nur auf Postkästen, dann als Gratisaufkleber, der die Trafokästen der Innenstädte bevölkerte und von ein paar Spinnern sogar ins ➳ **Stickeralbum** geklebt wurde.
Der Hintergrund der von langer Hand (haha!) geplanten Werbeaktion war, dass seit der Wiedervereinigung hunderte Postleitzahlen aus Ost und West doppelt vergeben waren. So konnte ein Brief mit der Postleitzahl 4200 entweder nach Merseburg bei Leipzig oder ins Ruhrgebiet nach Oberhausen gehen. Dabei ging (die Postsortierung wurde ja noch von Hand erledigt) gerne auch mal Omas Weihnachtspost verloren. In den Wochen vor dem 1. Juli 1993 begab sich die handgewordene Grinsefigur dann als lebensgroßes Maskottchen auf Werbetour und verteilte mit dem betont dämlichen Spruch »Fünf ist Trümpf« und großer Geste gelbe Radiergummis, die so brauchbar waren wie Streusalz im Sommer.
Und dann war es so weit: Die beiden alten Postleitzahlensysteme hatten ausgedient. Fortan hatten wir eine neue Postleitzahl, obwohl wir gar nicht umgezogen waren, und mussten in einem dicken Wälzer nachschlagen, wenn wir die neue Adresse eines alten Bekannten herausfinden wollten. Das war das Aus für spontane Postkarten – ohne den Wälzer ging nichts mehr. Die zusätzliche Ziffer führte auch dazu, dass jetzt deutlich mehr Postleitzahlen möglich waren, als man überhaupt brauchte. Und so hat heute sogar ein Baum, die »Bräutigamseiche« in Eutin in Schleswig-Holstein, eine eigene Postleitzahl (23701).

»Fünf ist

Trümpf«

Geh aufs
Ganze!

80

Zonk

Mit Wagemut zum Glück

Aus der Schule kommen, Hausaufgaben machen und zack!, Glotze an. O du unbeschwerte Jugend! Wie friedlich haben wir uns in den Neunzigern der Schwere des heimischen Sofas hingegeben und, glaubte man unseren Eltern, »viereckige Augen« bekommen. Nach den Nachmittagszeichentrickserien begann das Vorabendprogramm, und eine feste Bank von 1992 bis 1997 war dabei »Geh auf's Ganze« mit Jörg Draeger. Eine typische Neunziger-Game-Show mit Hütchenspieler-Charme, bei der man zwischen drei Toren und drei Umschlägen wählen konnte, und mit etwas Glück Sachpreise abstauben oder aber die Niete ziehen konnte: den Zonk. Der Zonk war nicht einfach nur die Plüschversion einer rot-grauen Maus. Nein, er war der Inbegriff des Versagens und entlarvte die Unberechenbarkeit des Schicksals. Das Zonk-Geräusch, ähnlich dem tiefen Röhren eines digitalen Hirschen, war der Sound der Niederlage – egal, ob man an Tor 3 ein Auto verspielt oder die Mathearbeit in Bruchrechnen versemmelt hatte und unsere Mitschüler uns den Zonk-Sound zuriefen.
Der Moderator, ein mephistophelischer Ratgeber, war der Meister der Verunsicherungstaktik – noch weit vor Günther Jauch mit »Wer wird Millionär«. Er prägte Kultsätze wie »In einem der Umschläge steckt der Zonk, in dem anderen das Tor 3 – Überlegen Sie gut!« oder »Tor 2 steht Ihnen besser als der gelbe Umschlag – glauben Sie mir!«. Wie sicher waren wir uns damals, dass wir immer das richtige Tor zum Glück gewählt hätten. Kinder sind schließlich die besten Zocker, denn sie haben nichts zu verlieren und viel zu gewinnen.

81

Schnapparmband

Schni-Schna-Schnappi meets Fashion

Anfang der Neunziger eroberte ein Armband die Handgelenke, das Schmuck und Spaß vereinte. Zunächst gerade, wickelte sich das Schnapp- oder Klackarmband beim Anschlagen um den Arm. Von diesem simplen Mechanismus ging eine ungeahnte Faszination aus. Wir ließen die Bänder schnappen, bis unsere Handgelenke rot und geschwollen waren und wir vor Schmerzen nicht mehr weiterspielen konnten. Zum Glück hatte auch unser Sitznachbar Handgelenke, an denen wir das Armband schnappen lassen konnten. Mit jedem Schnappen gab es ein lautes »Klack« von sich. Trotz unserer Proteste wurden die Bänder nach kurzer Zeit aus nicht nachvollziehbaren Gründen aus zahlreichen Klassenzimmern verbannt.
Hatten wir das Glück, zum Zeitpunkt dieser Erfindung der Schule bereits entwachsen zu sein, konnten wir es so richtig klacken lassen und optisch dabei ordentlich etwas hermachen. Ob aus Samt, in Neon oder im Zebralook – für jeden gab es das passende Modell. So wurde es vom Schülerzeitvertreib zum modischen Accessoire. Aber auch hier war Vorsicht geboten: Wer das Band zu wenig schnappen ließ, musste mit enormer Schweißbildung am Handgelenk rechnen. Wer zu viel schnappte, musste irgendwann enttäuscht verkünden: »Mein Schnapparmband schnappt nicht mehr.«
Heute findet das einst so populäre Ding einsamen Einsatz als Reflektor an Radfahrerbeinen. Ihm bleiben nur die Erinnerungen an eine Zeit voller Glamour und Fame.

82

Nike Air

Im Sneakerhimmel trägt man Airs

Im Jahr 1991 veröffentlichte der New Yorker DJ Bobbito Garcia, einer der einflussreichsten Styleprediger New Yorks, einen Artikel im legendären Hip-Hop-Magazin »The Source«. Der Titel? »Confessions of a Sneaker Addict«. Ein nur zwei Seiten kurzer Text, der als Startschuss eines Phänomens gilt, dem obsessiven Sammeln von Turnschuhen.
Wir bekamen davon natürlich erst einmal wenig mit, waren aber genau die Zielgruppe dieses Megatrends, der bald auch Europa ereilte. Wie bei ➳ Bandanas, Kangol-Caps & Co. konnte man sich durch das Tragen bestimmter Sneaker-Modelle wunderbar einer Szene zugehörig fühlen und sich mit dem entsprechenden Geldbeutel von der grauen Masse abheben. Es mag für viele heute komisch klingen, aber in den Neunzigern machte es für uns einen gehörigen Unterschied aus, ob man nun Vans, Airwalks, Etnies, DCs, Chucks oder den Superstar von Adidas trug.
Von all den Ikonen dieses goldenen Jahrzehnts der Sneakerheads sticht jedoch ein Modell heraus: der Nike Air. Ob er nun nach Michael »Air« Jordan oder wegen des kleinen Luftpolsters in der Sohle so benannt wurde, interessierte niemanden. Hauptsache, man hatte ein Paar in einer Farbkombi, die sonst kein anderer in der Klasse hatte. Denn das unterschied die Airs von den meisten anderen Sneakern: Es gab sie in gefühlten Hundert Varianten, jedes Jahr in neuen und limitierten Auflagen und irgendwann sogar als »all white« zum Selberanmalen. Und wenn sich unsere Eltern dann endlich spendabel zeigten, sinnierten wir ab sofort aufs Höchste individuell beschuht und luftpolstergefedert wie die Absoluten Beginner: »Über die Liebe und die Sonne und das Meer – wie mehr Styles, mehr Platten, mehr Nike Air!« …

90s
BABY.

83

Yes-Törtchen

Die romantischste Mini-Torte der Werbeindustrie

Ob in den Pausenboxen auf dem Schulhof oder als Notfallkuchen für den vergessenen Geburtstag der ersten Freundin: das Yes-Törtchen aus dem Hause Nestlé war für uns Neunziger-Kids eine Legende unter den Süßigkeiten der Kindheit und Jugend. Mit seinem minimalistischen Charme und seinen 38 Gramm purer Kakaocreme mit Schokoglasur konnten nur wenige dem Zauber dieses Kuchenriegels widerstehen – zumindest, wenn man der Werbung glauben durfte. Umso größer war der Schock, als die Produktion eingestellt wurde und die »Kleine Torte statt vieler Worte« 2003 aus den Supermarktregalen verschwand. Wir haben eine Träne verdrückt, als wir an die vielen tristen kuchenlosen Momente in deutschen Haushalten denken mussten, die vielen gebrochenen Herzen an verbummelten Jahres- und Ehrentagen und den traurigen Biss in den Apfel, als die kleine Sünde für zwischendurch nicht mehr erhältlich war. Das Yes-Törtchen war wie ein kleiner Notfallkoffer an schwierigen Tagen, den wir immer im Schrank hatten und auf den wir uns verlassen konnten. Welch Erleichterung, als im Jahr 2011 die Kuchenmeister wieder an die Rührschüsseln gelassen wurden und wir seither wieder »Ja« zu Yes sagen können.

84

Leggins

Das Comeback des Grauens

Es gab sie natürlich schon in den Achtzigern, doch erst die Neunziger schöpften ihr Potenzial vollkommen aus. Während die Leggins früher vor allem im Zuge des Aerobic-Trends für Aufsehen sorgten – in der ungeschlagenen Kombination mit Body, Jane Fonda sei Dank –, eroberte sie in den Neunzigern erst die Turnhallen und dann die Straßen. Unvergessen die glänzenden Leggins aus Elastan, die uns im Sportunterricht bei Völkerball und Co. eine gute Figur machen ließen. Am beliebtesten in leuchtendem Lila oder strahlendem Pink.
Für den Freizeitlook durfte es dann ruhig noch bunter und wilder werden. Wie auch bei der ➳ Radlerhose waren der Fantasie keine Grenzen gesetzt, was die Muster anging. Hauptsache: schön schrill. Dazu gern ein übergroßes T-Shirt, das bis zur Mitte des Oberschenkels reichte. Und die Figurbewussten unter uns kombinierten das Ganze noch mit einem breiten, elastischen Gürtel, der auch noch die Taille angemessen in Szene setzte. Wer hätte damals gedacht, dass dieses modische Grauen in nicht allzu ferner Zukunft tatsächlich ein großes Comeback feiern würde? Für uns Zeitzeugen kaum zu fassen hat die Leggins seit ein paar Jahren wieder einen festen Platz in den Kleiderschränken. Zwar im Großteil der Fälle in dezenten Farben, dafür mit deutlich kürzeren Oberteilen. Und hie und da kann man auch heute wieder ein Exemplar mit romantisch verspielten Blütenmeeren oder psychedelischen Mustern entdecken. The nineties are back!

SCHÖN!

SCHRILL!

LOVE

85

Polly Pocket

Die Welt in einer Puderdose

Die kleinen Döschen waren wie eine Schatzkiste. Von außen meist unscheinbar, verbargen sie in ihrem Inneren verschiedene Welten voller Magie, in denen kleine, einen Zentimeter große Figürchen hausten. Wir liebten die raffinierten Mechanismen, mit denen man das Innenleben der Dosen umbauen konnte. Zogen wir zum Beispiel an einem Vorhang, wurde es plötzlich Nacht. Und das Tolle: Die kleinen Schatullen konnten wir überallhin mitnehmen. Wir sammelten Polly Pocket mit hingebungsvoller Leidenschaft – kein Geburtstag, kein Weihnachten ohne eines der Döschen auf der Wunschliste. Hatten wir allerdings das Pech, dass unsere Eltern dem Polly-Wahn aus pädagogischen oder anderen Gründen entsagten, blieb uns nur der Gang zu den Nachbarskindern oder Freunden, um deren Sammlung neidvoll zu bewundern.

Zu verdanken hatten wir das Wunderkästchen dem britischen Designer Chris Wiggs, der das erste Polly Pocket 1983 in einer Puderdose für seine Tochter entwarf. Ab 1989 eroberte Polly dann die Kinderzimmer. Wer von uns seine Sammlung aufgehoben hat, besitzt nun wirklich einen Schatz: Da die Figuren seit 2002 nur noch mit einer Größe von acht Zentimetern verkauft werden, haben die alten, kleinen Figürchen heutzutage enormen Sammlerwert. Da stellt sich die Frage: Nostalgie oder Cash?

86

Telefonkarte

Die (vorläufige) Zukunft des Telefonierens

Schon wieder den Schulbus verpasst! Also erst mal Mama anrufen. Doch so einfach war das nicht. Heute ist kaum mehr vorstellbar, dass es eine Zeit gab, in der wir Telefonhäuschen suchen mussten, wenn wir jemanden von unterwegs anrufen wollten. Hatten wir endlich eins gefunden, mussten wir erst noch das passende Kleingeld in der Hosentasche haben. Mindestens 30 Pfennig für ein Ortsgespräch und ein paar Reservemünzen zum Nachwerfen, falls es doch länger dauerte. Man wollte ja schließlich nicht gleich eine kostbare Mark

verschwenden … Denn die blöden Münztelefone gaben meist gar nicht oder nur sehr unzuverlässig Rückgeld. Gott sei Dank hielt Anfang der Neunziger der Fortschritt Einzug mit der bundesweiten Einführung von Guthabenkarten, die man zum Beispiel bei der Post kaufen konnte. Mit diesem Stück Zukunft in der Tasche war das Münzproblem gelöst. Nur durfte man sie nicht gleich wieder verlieren, denn schließlich waren dann gleich sehcs oder sogar zwölf Mark weg. Ein unglaublicher Verlust für das durchschnittliche Schülerbudget.

Anfangs telefonierten wir noch in den gelben Telefonzellen der Post, die aber bald von den grau-weiß-magentafarbenen Modellen der Telekom abgelöst wurden. Davon gab es vor gut zwanzig Jahren noch mehr als 160 000 Stück. Heute sind es gerade mal 20 000, meist offene Telefonsäulen. Auch wenn wir sie erst einmal suchen mussten, hatten die Telefonzellen doch einen ganz entscheidenden Vorteil: Im Gegensatz zu heute konnten wir dort ungestört und ohne ungewollte Mithörer telefonieren. Vermutlich vermissen aber nur noch Nostalgiker die frühere Intimität von Telefongesprächen, für die man sogar den eigenwilligen Geruch im Inneren des Häuschens in Kauf nahm …

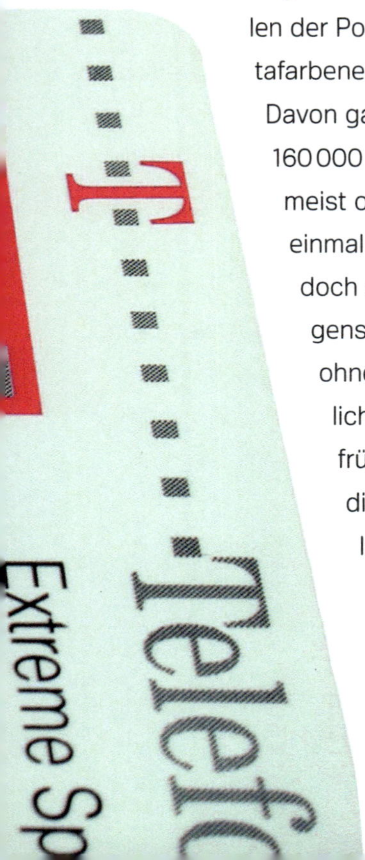

87

Overheadprojektor

Licht aus, Folien raus

Von Beamern oder Laptops im Klassenzimmer konnten wir noch nicht einmal träumen. Denn unsere Referate mussten noch mit Karteikarten und Overheadprojektor bestritten werden. Es gab nichts Schlimmeres, als in Gruppenarbeit etwas vorzubereiten, das dann auf einer möglichst halbwegs leserlichen Folie zu sehen sein sollte. Wer aber am schnellsten den wasserlöslichen Folienschreiber zückte und gleichzeitig »IchschreibaufdieFolie!« sagen konnte, musste sich nur als Protokollant einbringen und sich schon mal überlegen, ob die Überschrift nun blau, rot, schwarz oder grün sein sollte, während der Rest sich das Hirn über die Lösung der Aufgabe zermarterte.
Es gab auch immer ein paar Lehrer, die praktisch ihren gesamten Unterricht mit vorgefertigten – und deshalb mit wasserfesten Folienschreibern beschriebenen – Klarsichtfolien bestritten. Warum auch nicht? Es kam ja jedes Jahr dasselbe dran. Ein beliebter Trick, um diese Lehrer zur Weißglut zu treiben, war es, die Lampe der tonnenschweren Projektoren vor der Stunde rauszudrehen und so zumindest die ersten zehn Minuten der Stunde schinden zu können, weil dann ein Mitschüler zum Hausmeister musste, um Ersatz zu besorgen.
Wenn der Projektor dann lief, wurde meist das Licht ausgeschaltet und die Vorhänge wurden zugezogen, was für die meisten von uns gleichbedeutend war mit Schlafenszeit.
Die Vorstellung, dass Schüler heute mit schnöden Whiteboards arbeiten müssen, ist da doch einfach nur traurig, oder?

88

Batikshirt

Das Upcycling-Projekt unserer Jugend

Weiße Kringel und ausgefranste Kreise auf bunten Shirts – das ultimative Mode-Statement der Neunziger. Eigentlich bereits in den Siebzigern ein Must-have, doch im Zuge des Seventies-Revivals schaffte es das Batikshirt noch einmal an die Spitze der Modetrends. Kombiniert mit Schlaghosen, Plateauschuhen oder ➵ **Ökopullis** war das Hippie-Outfit dann perfekt.

Wer etwas auf sich hielt, machte sein Shirt natürlich selbst. Dafür nahmen wir einfach ein altes weißes T-Shirt (natürlich schön groß!), banden es mit Paketschnur kräftig zusammen, und legten es anschließend in einen Eimer mit Textilfarbe. Für das modische Ergebnis irrelevant, für den Spaß aber umso bedeutender, war dabei die Farbschlacht im Badezimmer, auch wenn unsere Eltern erst mal die Krise kriegten. Ausspülen, noch schnell ins Fixierbad, dann Knoten entfernen, nochmal kurz durchwaschen – und schon war das Batikshirt fertig! Wer es bunter haben wollte, musste mehrere Farbgänge durchführen, von hell nach dunkel. Da das aber doch ziemlich aufwendig war, kauften wir Batikmode nach den ersten Selbstversuchen einfach im Laden. Der Batiktrend beschränkte sich bei Weitem nicht nur auf T-Shirts, man konnte ja praktisch alles »batiken«: Kleider, Blusen, Jeans, Rucksäcke, Jutebeutel, Bettwäsche. Heute nennt man das Upcycling, doch den Trend gab es schon in unserer Kindheit. Auch wenn wir keinen so hippen Begriff dafür hatten ...

89 Transformers

More than meets the eye: Robots in the sky

Wenn man die Aufgabe bekäme, ein Neunzigerjahre-Jungs-Zimmer nachzubauen, dann wäre das Herzstück diese eine Schublade im Schrank. In dieser schlichten Schublade befand sich, was man als den ganzen Stolz eines Jungen bezeichnen konnte: seine Sammlung von Action-Figuren. Nicht einfach nur Spielzeug, und schon gar keine Plastikpuppen. Nein, Action-Figuren. Kampfbereite Muskelpakete mit Superkräften und Hightech-Waffen, die alles in sich vereinten, was man als Junge gerne sein wollte. Der König unter all diesen He-Mans, Hulks und ➳ **Ninja Turtles** war Optimus Prime, der Anführer der Transformer oder, genauer gesagt, der Autobots. Optimus Prime war ein mächtiger rotblauer Kampfroboter, der sich mit wenigen Handgriffen in einen Truck verwandeln ließ und dann unerkannt über die Landstraßen fahren konnte, um als selbstloser Streiter für Frieden und Ordnung zu sorgen.
Wenn man sich nach der Schule mit seinem besten Freund um drei Uhr zum Spielen traf, wurden um fünf nach drei die Transformer ausgepackt und epische Schlachten ausgefochten. Große Mengen Spucke flogen beim Nachmachen der Maschinengeräusche durch die Luft, und einige Finger wurden bei den Kollisionen der Karosserien gequetscht. Wenn wir uns danach bei Capri-Sonne erholten, träumten wir von der limitierten Sonderausgabe des Helden, bei der sich Optimus Prime zu Nemesis Prime verwandeln konnte, und waren glücklich. Ach, süßer Vogel Jugend.

BFRS 70,- • LFRS 70- • LIRE 3500 • PTAS 275,-
Nr. 21
15. MAI 1997
DM 3,20
S 26,–
sFr. 3.60
Wendy
Reiterferien auf Island zu gewinnen!
Wendy
SUPER-EXTRA:
Mähnen-kamm
für Dich oder Dein Pferd
Bitte lächeln!
"Hü!" hab' ich gesagt!
Großer Schnapp-schuß-Wettbewerb
Die Isi-Insel aus Feuer und Eis
EXTRA: MÄHNENKAMM
Im Wendy-Comic geht es rund ...
DIE HERAUS-FORDERUNG

90

Wendy

Die Mutter aller Pferdezeitschriften

Einmal die Woche rannten wir zum Briefkasten und fischten aufgeregt ein buntes Heft heraus, auf dessen Cover uns ein Friese, Araber oder Haflinger entgegentrabte. Bevor Backstreet Boys oder Kelly Family unsere Zimmer schmückten, prangten stolze Lipizzaner, süße Shetlandponys oder bullige Ackergäule an unseren Wänden. Wir waren Pferdemädchen. Und wenn wir schon selbst kein Pferd besitzen konnten, wussten wir, dieser Zeitschrift sei Dank, wenigstens, wie sich das anfühlte. Oh, wie sehr beneideten wir Wendy Thorsteeg, seit 1991 die 15-jährige Heldin der fortlaufenden Comics, deren Eltern das Gestüt Rosenborg besaßen und die sogar zwei Pferde ihr Eigen nannte: Schimmelstute Penny und Westernpferd Miss Dixie. Woche um Woche ritten wir mit ihr und ihrer besten Freundin Bianca am schleswig-holsteinischen Strand, bestritten Reitturniere und misteten Ställe aus. Auch wenn vielen von uns die Praxis fehlte, in der Theorie waren wir unschlagbar: Wir konnten einen Hannoveraner von einem Holsteiner unterscheiden, wussten, wie man Hufe auskratzt, und glaubten das Gefühl zu kennen, leichttrabend über Felder zu schweben. Bis wir schließlich Pferd gegen Prinz tauschen wollten und die Zeitschrift mit Enttäuschung aus dem Briefkasten nahmen, weil wir uns eigentlich danach sehnten, dort Liebesbriefe zu finden.

91

Leckmuscheln

Die versauteste Erfindung, seit es Süßkram gibt

Auch wenn es diese Süßigkeiten seit den 1960er-Jahren gab, haben sie ihren Platz in unseren Herzen gefunden und gehörten zum Standardrepertoire von uns Neunziger-Kids. Ohne eine dieser gruslig pappigen Zuckermuscheln war die Schnökertüte, die wir von unserem Taschengeld kauften, schlicht und einfach nicht vollständig. Die von einem Familienbetrieb an der Grenze zu Holland hergestellten Leckmuscheln nuckelten wir durch Unterdruck am Gaumen fest und hatten, wenn sich das Teil wieder löste, einen

sonderbaren Riffelabdruck, den wir mit der Zunge erkunden konnten. In Kombination mit dem Auslutschen des letzten Zuckerrests aus dem oberen Teil der Plastikmuschel war das im Rückblick ein recht ordentliches, wenn auch für viele noch ziemlich früh angesetztes Training für den ersten Zungenkuss und darüber hinaus. Und für diejenigen unter uns, die mit Muscheln nicht so viel anfangen konnten, gab es ja auch noch das Calippo, die nächste Stufe auf dem Weg zum Zungenprofi...

92

1000-Gefahren-Bücher

Wie wir zur Hauptfigur unserer Lieblingsbücher wurden

Wer hat als Kind nicht davon geträumt, selbst der Held oder die Heldin in einem aufregenden Abenteuer zu sein? Mit den 1000-Gefahren-Büchern wurde dieser Traum wahr. Bücher, in denen man in die Rolle der Hauptperson schlüpfen und den Ausgang der Handlung selbst bestimmen konnte. Durch jede noch so kleine Entscheidung nahm die Handlung eine andere Wendung, wodurch sich zig Varianten des Endes ergaben. Ob auf der Insel der 1000 Gefahren, auf der Spur des Bären oder auf der Suche nach dem Piratenschatz: Jede Seite brachte neue Möglichkeiten und Ungewissheiten. Soll ich dem Pfad nach links oder dem nach rechts folgen? Trinke ich aus dem Bach, obwohl ich mich dafür einem furchteinflößenden Piraten nähern muss, der dort gerade fischt? Stelle ich mich der Gefahr, oder laufe ich davon? Sollte sich herausstellen, dass man eine falsche Entscheidung getroffen hatte und schlimmstenfalls mit dem Tod dafür bezahlen musste, konnte man mithilfe des Buches einfach zurückblättern und an der entscheidenden Stelle eine andere Wahl treffen – und schon begann ein neues

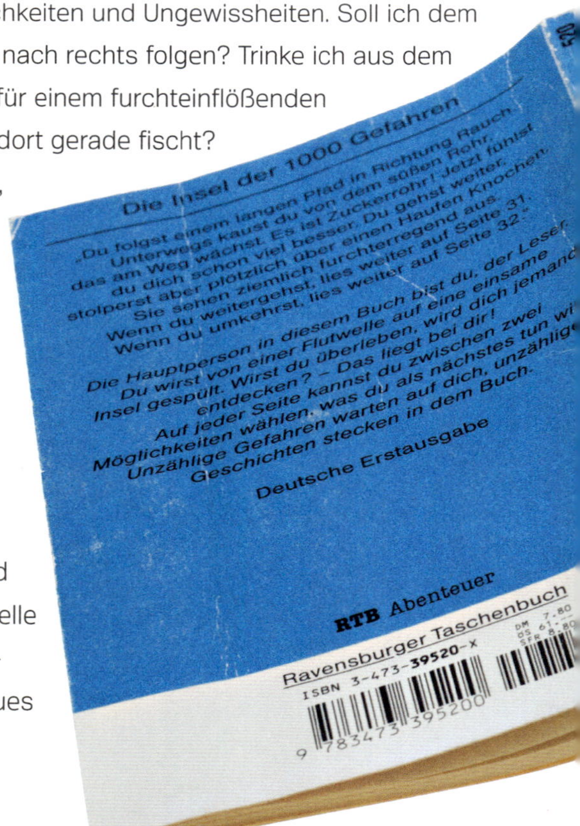

Abenteuer. Erfinder dieser interaktiven Abenteuerbücher war Edward Packard, der mit der Insel der 1000 Gefahren den ersten Klassiker dieses Genres geschrieben hat. Die »Insel« war zwar schon aus den Siebzigern, aber ihr folgten in den Neunzigern zahlreiche neue Abenteuer. Damit hat Packard den Lesemuffeln unter uns nicht nur eine prima Alternative zu Comics geboten, sondern auch dafür gesorgt, dass wir schon früh die Konsequenzen unserer Entscheidungen »am eigenen Leib« erfuhren. Und natürlich dass wir unglaublich spannende Abenteuer erlebten. Ahoi!

93

Schnellfickerhose

Pubertät ist, wenn man trotzdem lacht

»Wie bitte? Das ist ja obszön!«

Ja, der Humor von Pubertierenden lotet oft die Grenzen des guten Geschmacks aus, und doch muss heute fast jedes Kind der Neunziger beim Wort »Schnellfickerhose« kurz grinsen. Mit diesem Beinkleid war ein schwarz-weiß glänzendes Trainingshosen-Modell von Adidas gemeint (wahlweise auch in Gelb und Dunkelblau), dessen Besonderheit eine Druckknopfleiste am Außenbein war, mit der man die Hose von unten bis oben in einem lauten Ratsch! aufreißen konnte. Weit, weit entfernt vom Verlust der Jungfräulichkeit liebten wir den Terminus technicus für diese krasse Modesünde der Neunziger und machten uns darüber lustig, sooft wir konnten. Um das Trash-Ensemble zu komplettieren, trugen Jungs sie oft in Kombination mit Adidas-Superstar-Sneakern, und Mädchen gerne mit ➳ Buffalos.

Was haben wir gelacht, als Klassenkameraden auch außerhalb der Sporthalle damit durch die Gänge liefen. Öfter als nötig und seltener, als wir es uns gewünscht haben, haben wir den Trägern dieser wardrobe malfunction hinter den Eingangssäulen der Schulcafeteria aufgelauert und haben die noch unbehaarten Beine unserer Mitschüler gleichzeitig von zwei Seiten freigelegt. Als der oder die Betroffene dann »unten ohne« unfreiwillig das Publikum der großen Pause entertainte, sind wir kichernd weggerannt. Wie gemein! Es stimmt wohl, was man sagt: Das »Tier« in »pubertierend« ist kein Zufall ...

adidas

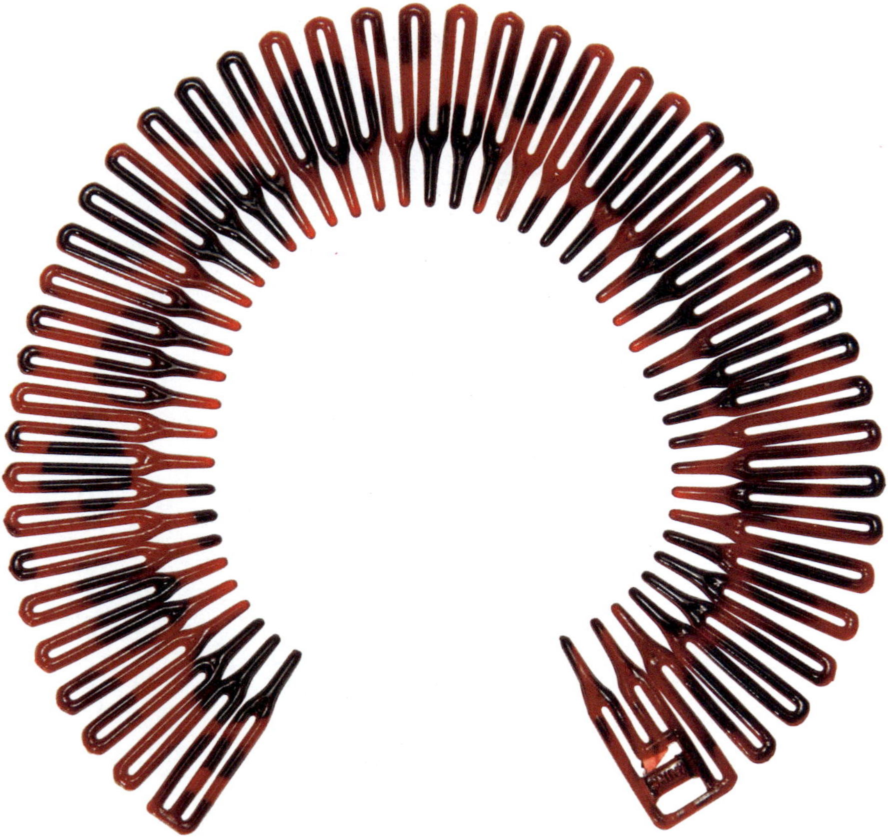

Autsch!

94

Zackenhaarband

Weder praktisch noch schön

Es versprach, jeden Bad Hair Day ins Gegenteil zu verkehren. Mit dem Zackenhaarband wollten wir aufmüpfige Locken bändigen, Ordnung in Bettfrisuren bringen und langweilige Zöpfe aufpeppen. Das gestaltete sich meist schwieriger als gedacht. Bereits das Anlegen erforderte einiges an Geduld und Geschick. Wir platzierten das Haarband um den Hals oder die Stirn, ertrugen dabei das unangenehme Kratzen seiner Stacheln und versuchten mühsam, es hinter dem Kopf zu verschließen. Nicht selten verfingen sich dabei die feinen Nackenhärchen in den Zacken und verknoteten sich, so dass wir uns das Band mit einem schmerzhaften Ruck vom Kopf reißen mussten. War es dann in Position, schoben wir es vorsichtig nach hinten. Für den perfekten Look musste das Band einige Zentimeter hinter dem Haaransatz sitzen. Schoben wir es aber zu weit, flutschten die vorderen Haare heraus und reckten sich keck in die Höhe. In dem Fall zerrten wir uns das Band unter unangenehmem Ziepen erneut vom Kopf, und das Spiel begann von vorne. War das Band dann endlich perfekt platziert, drückte es unangenehm auf die Kopfhaut. Ein ganzer Tag Zackenhaarband bedeutete Schmerzen am Abend, die wir heroisch ertrugen. Wer schön sein will, muss leiden. Der einzige Haken an der Geschichte: Das Zackenhaarband hielt sein Versprechen nicht. Niemand außer David Beckham sah damit wirklich gut aus.

95

56k-Modem

The Sound of Change

»Bam-bi-dam-bi-Pschchrrrrrrrrrr.«

Diese kurzen, abgehackten und scheinbar willkürlichen Töne, die jedes Kind der Neunziger kennt, sind das Ergebnis eines ganz besonderen Brückenschlags: Denn hier trafen sich die analoge und die digitale Welt. Über eine analoge Telefonleitung, wie sie damals noch in fast jedem Haushalt anzutreffen war, können nur diejenigen Frequenzen übertragen werden, auf denen auch unsere menschliche Stimme funktioniert. Das seltsame Gepiepe und Gerausche, das wir hörten, wenn wir uns über ein 56k-Modem ins Internet einwählten, war die ganz und gar nicht chaotische Choreographie zweier digitaler Geräte, die aushandelten, wie sie in der Folge kommunizieren wollten, und sich in nur wenigen Sekunden auf einen gemeinsamen Nenner einigten. Das Modem zu Hause sagte in etwa: »Hallo, ich würde gerne mit dir reden. Ich kann das auf dieser Frequenz und mit jener maximalen Geschwin-

digkeit«, woraufhin das Gegenüber im Rechenzentrum der Telekom vereinfacht antwortete: »Ich verstehe dich, das kann ich auch.« Dann sagten beide gleichzeitig noch so etwas wie: »Passt, so machen wir's!« – und man war, um es mit Bum-Bum-Boris zu sagen: drin! Da war sie dann: die große Welt des Webs. Napster, Chatrooms, Altavista und Co. waren nur noch einen Klick entfernt. Das Ganze hatte nur leider einen großen Haken: Wir blockierten damit die Leitung, und wenn unsere Eltern ein paar Mal zu oft von Oma »Bei Euch ist immer besetzt!« gesagt bekommen hatten, kam schnell der erboste Spruch: »Raus aus dem Internet, ich muss telefonieren!«.

96

Kinder-Happy-Hippo-Snack

Außen knusprig, innen zart

Eine Kindheit hat viele Begleiter. Personen, Dinge, aber auch Geschichten und Figuren. Die meisten begleiten uns nur eine bestimmte Zeit lang auf unserem Weg, aber vergessen werden wir sie niemals so ganz. Zu diesen Weggefährten von uns Neunziger-Kids gehören die Happy Hippos, kleine lustige blaue Nilpferde, die man ab 1995 mit Glück »in jedem 7. Ei« von Kinder-Überraschung finden konnte.
Mit ihrer Einführung standen an allen Supermarktkassen des Landes ungeduldige Eltern neben ihren hochkonzentrierten Kindern, die jedes Überraschungs-Ei einzeln schütteln mussten, um zu hören, ob der Kern rasselte oder dumpf klang. Dass Nilpferde in Wahrheit zu den größten Raubtieren auf dem Planeten gehören, ahnten wir damals nicht und winkten beim Zoobesuch ebenso euphorisch wie naiv ins Nilpferdbassin. Happy Hippos wurden bei uns so beliebt, dass man ihnen sogar einen Schokoriegel widmete: den Kinder-Happy-Hippo-Snack. Fluffige Haselnusscreme in einer zart-knusprigen Schoko-Waffel in Form eines Nilpferds – mit zwei Happs weg. Kein Kindergeburtstag ohne Happy-Hippo-Snack, kein Samstagseinkauf ohne Quengeln am Süßigkeitenregal, und wenn man welche mit in der Schule hatte, war man der King. Bis heute ist es uns unverständlich, wie der ursprüngliche Happy Hippo Snack vom Markt verschwinden konnte. Seit einigen Jahren ist nun das Substitut »Happy Hippo cacao« erhältlich – aber wem will Ferrero hier eigentlich was vormachen? Unsere Kindheit schmeckte anders.

kinder
Happy
Hippo Snack
Jetzt mit lustigem
Happy Hippo
Volle Vier
Spiel Nr.

kinder
Happy
Hippo Snack
Jetzt mit lustigem
Happy Hippo
Volle Vier
Spiel Nr.

kinder
Happy
Hippo Snack
Jetzt mit lustigem
Happy Hippo
Volle Vier
Spiel Nr.

kinder
Happy
Hippo Snack
Jetzt mit lustigem
Happy Hippo
Volle Vier
Spiel Nr.

kinder
Happy
Hippo Snack
Jetzt mit lustigem
Happy Hippo
Volle Vier
Spiel Nr.

kinder
Happy
Hippo Snack
Jetzt mit lustigem
Happy Hippo
Volle Vier
Spiel Nr.

kinder
Happy
Hippo Snack
Jetzt mit lustigem
Happy Hippo
Volle Vier
Spiel Nr.

kinder
Happy
Hippo Snack
Jetzt mit lustigem
Happy Hippo
Volle Vier
Spiel Nr.

kinder
Happy
Hippo Snack
Jetzt mit lustigem
Happy Hippo
Volle Vier
Spiel Nr.

kinder
Happy
Hippo Snack
Jetzt mit lustigem
Happy Hippo
Volle Vier
Spiel Nr.

kinder
Happy
Hippo Snack
Jetzt mit lustigem
Happy Hippo
Volle Vier
Spiel Nr.

kinder
Happy
Hippo Snack
Jetzt mit lustigem
Happy Hippo
Volle Vier
Spiel Nr.

kinder
Happy
Hippo Snack
Jetzt mit lustigem
Happy Hippo
Volle Vier
Spiel Nr.

kinder
Happy
Hippo Snack
Jetzt mit lustigem
Happy Hippo
Volle Vier
Spiel Nr.

kinder
Happy
Hippo Snack
Jetzt mit lustigem
Happy Hippo
Volle Vier
Spiel Nr.

kinder
Happy
Hippo Snack
Jetzt mit lustigem
Happy Hippo
Volle Vier
Spiel Nr.

kinder
Happy
Hippo Snack
Jetzt mit lustigem
Happy Hippo
Volle Vier
Spiel Nr.

kinder
Happy
Hippo Snack
Jetzt mit lustigem
Happy Hippo
Volle Vier
Spiel Nr.

kinder
Happy
Hippo Snack
Jetzt mit lustigem
Happy Hippo
Volle Vier
Spiel Nr.

kinder
Happy
Hippo Snack
Jetzt mit lustigem
Happy Hippo
Volle Vier
Spiel Nr.

kinder
Happy
Hippo Snack
Jetzt mit lustigem
Happy Hippo
Volle Vier
Spiel Nr.

kinder
Happy
Hippo Snack
Jetzt mit lustigem
Happy Hippo
Volle Vier
Spiel Nr.

kinder
Happy
Hippo Snack
Jetzt mit lustigem
Happy Hippo
Volle Vier
Spiel Nr.

kinder
Happy
Hippo Snack
Jetzt mit lustigem
Happy Hippo
Volle Vier
Spiel Nr.

97

Plastikschnullis

Das ultimative Accessoire

Eigentlich waren wir längst aus dem Kleinkind- oder gar Säuglingsalter raus und wollten mit Babykram nichts mehr zu tun haben, dennoch etablierten wir einen Trend, der das Gegenteil vermuten ließ: die Sammelleidenschaft für Plastikschnullis. Kleine, stilisierte Schnuller aus Hartplastik, die es in verschiedenen Größen und allen erdenklichen Farben gab und die wir untereinander tauschten. Wir trugen sie als Kette um den Hals oder am Arm, als Ohrringe oder an Mäppchen und Rucksack. Ein paar unter uns mussten wie immer übertreiben und schleppten gleich ganze Büschel davon mit sich rum.
So wurde ein Großteil unseres ersten Taschengeldes in diese kleinen Dinger investiert, der Rest ging für Sticker und Süßigkeiten drauf. Doch die ließen sich nicht so schön zur Schau tragen. Warum wir uns kleine Schnuller um den Hals hängten, kann heute wohl keiner mehr so genau sagen. Sie waren einfach das ultimative Accessoire, das jedes Schulkind haben musste. Drum konnten wir auch sicher sein, dass wir unserer besten Freundin eine richtig große Freude machten, wenn wir ihr ein Set neuer Schnuller zum Geburtstag schenkten. Auch wenn es schon der zehnte war ...

ANARCHY

98

Wallet Chains

Geldbeutel beschützen wie die Hells Angels

Als sich bei uns mit dem Eintritt ins Teenager-Alter langsam ein Modebewusstsein entwickelte und wir unsere Klamotten selbst einkauften, anstatt sie uns von der Mutter mitbringen zu lassen, traten auch einige fragwürdige Mode-Accessoires in unser Leben. Sie waren ein Testlauf beim Entdecken des eigenen Geschmacks. Neben braun-schwarzen Lederriemen und Wolle-Petry-Freundschaftsbändchen an den Handgelenken, N'Sync-Bravo-Tattoos am Unterarm, Jahrmarkt-Ringen mit Hanfsymbol und Halsketten aus bemalten Holzperlen reihten sich auch die Wallet Chains in die Teeniesünden-Liste ein: Metallketten, die unseren Geldbeutel mit Kleingeld, Schüler-Ticket und unseren Schlüsselbund an unseren Jeans absicherten. Das Ganze lockte mit Rocker-Image und aggressiver Lässigkeit. Wir bestellten sie im EMP-Katalog oder kauften sie direkt im Baumarkt (»Papa, kannst du mir die Kette aufbiegen?«). Die Gretchenfrage lautete damals:
Wie lang lassen wir die Kette am Bein hinunterhängen?

- Kurz, praktisch und wenig sichtbar?
- Wild bis kurz übers Knie mit viel Potenzial fürs Hängenbleiben an Türknaufen und Treppengeländern?
- Oder die Mittellänge für die Unentschlossenen?

Selten waren wir unseren Schul-Hausmeistern näher als mit den Wallet Chains, was den gemeinsamen Wunsch von gut gesicherten Schlüsseln anging. Und auch wenn sie heute verschwunden sind, so erleben sie doch in der Indierock-Szene eine Renaissance in Form von Gänse-Ei-großen Karabiner-Clips aus dem Bergsport. Rock on!

99

Nokia 3210

Der Akku hält und hält und hält

Als es 1999 eingeführt wurde, war das Nokia 3210 für uns das, was für Teenager heutzutage das iPhone ist. Es war perfekt: elegant, schnittig und so was von cool. Das erste Handy ohne sichtbare Antenne, ein Meilenstein der Designgeschichte. Wer es hatte, nutzte jede Gelegenheit, es vorzuführen und gönnerhaft herumzureichen. Zahllose Stunden verbrachten wir mit dem ultimativen Handy-Kultspiel »Snake«. Wir waren voller Stolz und kribbeliger Nervosität, wenn es uns gelang, die Schlange auf langen, verschlungenen Pfaden über das kleine Display zu leiten, ohne dass sie sich je in den Schwanz biss. Und oh, wie grausam war dann die Schulglocke oder die elterliche Ermahnung, die uns zwang, das Handy aus der Hand zu geben und die Schlange ihrem Schicksal zu überlassen. Fast nie war daran der Akku schuld. Denn der hielt bis zu zwei Wochen.
Aber nicht allein »Snake« machte das Nokia 3210 so begehrenswert. Es besaß – einmalig in dieser Preisklasse – die Texteingabehilfe T9. Das verkürzte nicht nur die Zeit, eine SMS zu schreiben, es schonte auch den Daumen. Leider waren SMS in den Neunzigern so teuer, dass wir manchmal darauf verzichten mussten. Was uns am Ende des Guthabens aber blieb, war die grazile Schönheit dieses Telefons, dessen Hülle sich beliebig austauschen ließ. Es gab sie nicht nur in verschiedenen Farben, sondern auch bedruckt mit Bildern und Mustern. Von Leoprint bis Blümchenmuster: Das Nokia 3210 war nicht nur ein Mobiltelefon. Es war ein Statement unserer Individualität.

NOKIA
I ♥
SNAKE
C
1
2abc
3def
4ghi
5jkl
6mno
7pqrs
8tuv
9wxyz
* +
0
#

DANK

Ein großer Dank an Monika, ohne die das Buch nicht entstanden wäre, und an unsere tollen Kollegen im Goldmann Verlag. Ein besonderer Dank an Anka, Bele, Anja, Cornelia, Solveig, Jürgen, Conny, Marco und alle anderen, die uns mit Rat, Tat, Erinnerungen oder Fotomaterial unterstützt haben. The beat goes on …

Credits

Wir haben uns bemüht, alle Rechteinhaber ausfindig zu machen, verlagsüblich zu nennen und zu honorieren. Sollte uns dies im Einzelfall aufgrund des Zeitablaufs und der schlechten Quellenlage bedauerlicherweise einmal nicht möglich gewesen sein, werden wir begründete Ansprüche selbstverständlich erfüllen.

Hintergründe:
istock: 47, 55 (Yulia_Malinovskaya), 47, 72/73 (victoria_pineapple), 16/17, 117, (tatianazaets), 3, 4/5, 22, 29, 56, 82, 148, 162, 182, (Mary_stocker), 34/35 (Fighter_Francevna), 6, 18/19, 44, 46, 55, 61, 109, 113, 127, 129, 137, 147, 156/157, 175 (Pelikanz), 52, 85, 133 (Anja Laukemper)

4You
Text: Maren Ziegler
Foto: Jan Ott

56k-Modem
Text: Jacob Thomas
Foto: stills-online.de

1000-Gefahren-Bücher
Text: Karin Weber
Foto: Jan Ott

Fünfmarkstück
Text: Jacob Thomas
Foto: fotolia/TwilightArtPictures

Arschgeweih
Text: Jacob Thomas
Foto: fotolia/Jens Hilberger

Aufblasbare Sessel
Text: Maren Ziegler
Foto: shutterstock/Pavel L Photo and Video

Baby Born
Text: Maren Ziegler
Foto: Zapf Creation AG, 96472 Rödental, Germany

Baby-G
Text: Maren Ziegler
Foto: Pinterest: https://www.pinterest.de/pin/371687775469827505/

Baggy Pants
Text: Johannes Engelke
Foto: Jan Ott

Bandanas
Text: Jacob Thomas
Foto: shutterstock/Photo Melon

Batikshirt
Text: Karin Weber
Foto: fotolia/p-fotography

Bauchfreie Tops
Text: Maren Ziegler
Foto: Getty Images/L. Busacca

Bauchtaschen
Text: Jacob Thomas
Foto: Alamy/Trevor Pearson

Boombox
Text: Jacob Thomas
Foto: Jan Ott

Bravo
Text: Karin Weber
Foto: BRAVO - Bauer München Redaktions KG

Bravo Hits
Text: Johannes Engelke
Foto: Jan Ott

Buffalo Boots
Text: Maren Ziegler
Foto: istock/motimeiri

BumBum
Text: Jacob Thomas
Foto: Jan Ott

Calvin-Klein-Unterwäsche
Text: Karin Weber
Foto: picture alliance/The Advertising Archives

Carhartt-Pulli
Text: Johannes Engelke
Foto: Ullstein Bild/Galuschka

Center Shocks
Text: Jacob Thomas
Foto: Jan Ott

Chupa Chups
Text: Maren Ziegler
Foto: Alamy/Invictus SARL

Coke Light
Text: Karin Weber
Foto: istock/eskaylim

Crystal Pepsi
Text: Johannes Engelke
Foto: Ullstein Bild/Raudies

Das magische Auge
Text: Karin Weber
Foto: arsEdition GmbH

Der grüne Punkt
Text: Jacob Thomas
Foto: stills-online.de

Diddl
Text: Maren Ziegler
Foto: Jan Ott
Thomas Goletz, www.Diddl.de

Die Siedler von Catan
Text: Jacob Thomas
Foto: Jan Ott

Discman
Text: Karin Weber
Foto: Jan Ott

Doc Martens
Text: Karin Weber
Foto: Jan Ott

Dolly, das Schaf
Text: Maren Ziegler
Foto: picture-alliance/dpa

DVD
Text: Karin Weber
Foto: Jan Ott

Eastpak
Text: Johannes Engelke
Foto: Jan Ott

Ecstasy
Text: Maren Ziegler
Foto: fotolia/portokalis

Ed von Schleck
Text: Johannes Engelke
Foto: Pinterest: https://www.pinterest.de/pin/535295105691838315/

Erdbeerschnüre
Text: Johannes Engelke
Foto: Alamy/Jochen Tack

Flanellhemd
Text: Karin Weber
Foto: shutterstock/elenovsky

Freundschaftsbändchen
Text: Karin Weber
Foto: shutterstock/Iva Vagnerova

Fritt-Kaubonbons
Text: Karin Weber
Foto: Jan Ott

Frufoo
Text: Maren Ziegler
Foto: Ullstein Bild/Alert

Fruit-of-the-Loom-Pulli
Text: Karin Weber
Foto: Getty Images/Bloomberg

Furby
Text: Johannes Engelke
Foto: REX/Shutterstock

G-Shock
Text: Johannes Engelke
Foto: Jan Ott

Game Boy
Text: Johannes Engelke
Foto: Jan Ott

Golf III
Text: Jacob Thomas
Foto: Alamy/culture-images GmbH

Hamburger Royal TS
Text: Johannes Engelke
Foto: stills-online.de

Henna-Tattoos
Text: Karin Weber
Foto: Alamy/Marina Pissarova

Hubba Bubba
Text: Maren Ziegler
Foto: stills-online.de

iMac
Text: Jacob Thomas
Foto: REX/shutterstock/Universal History Archive/Universal Images Group

Inline-Skates
Text: Karin Weber
Foto: shutterstock/Monika Wisniewska

Jo-Jo
Text: Johannes Engelke
Foto: stills-online.de

Karl Klammer
Text: Jacob Thomas
Foto: Microsoft

Kinder-Happy-Hippo-Snack
Text: Johannes Engelke
Foto: Stefans Sammler Team: http://www.unser-sammler-team.de/sonder/happy-hippo-snack/index.htm

Kreppeisen
Text: Maren Ziegler
Foto: Getty Images/Education Images/UIG

Lamy
Text: Maren Ziegler
Foto: Lamy

Leckmuscheln
Text: Jacob Thomas
Foto: fotolia/euthymia

Leggins
Text: Karin Weber
Foto: Jan Ott

Levi's 501
Text: Karin Weber
Foto: stills-online.de

Marijke Amados Zauberkugel
Text: Maren Ziegler
Foto: Mediengruppe RTL Deutschland GmbH

Minesweeper
Text: Johannes Engelke
Foto: stills-online.de

MiniDisc-Player
Text: Johannes Engelke
Foto: REX/shutterstock/JASON TIMSON

Miss Sixty Jeans
Text: Maren Ziegler
Foto: Jan Ott

My little Pony
Text: Karin Weber
Foto: istock/ivanastar

Nike Air
Text: Jacob Thomas
Foto: https://hypebeast.com/2009/6/nike-air-180-ultramarine-2009-retro

Ninja-Turtles-Action-Figuren
Text: Johannes Engelke
Foto: istock/LoooZaaa

Nokia 3210
Text: Maren Ziegler
Foto: Public domain: https://de.wikipedia.org/wiki/Nokia_3210#/media/File:Nokia_3210_3.jpg/Discostu/Nokia 3210 3.jpg

Ökopulli
Text: Karin Weber
Foto: Alamy/Hilda DeSanctis

Overheadprojektor
Text: Jacob Thomas
Foto: istock/seanoriordan

Pager
Text: Jacob Thomas
Foto: shutterstock/Kislitsin Dmitrii

Panini-Album
Text: Jacob Thomas
Foto: www.panini.de

Pelikano
Text: Jacob Thomas
Foto: Pelikan PR

Plastikschnullis
Text: Karin Weber
Foto: iStock/graemenicholson

Poesie-Album
Text: Maren Ziegler
Foto: plainpicture/Anja Weber-Decker

Polly Pocket
Text: Maren Ziegler
Foto: stills-online.de

Pringles
Text: Johannes Engelke
Foto: stills-online.de

Radlerhose
Text: Karin Weber
Foto: Jan Ott

Raider
Text: Karin Weber
Foto: picture alliance/dpa/Ole Spata

Rolf
Text: Jacob Thomas
Foto: picture-alliance/dpa/Schmidt

Schnapparmband
Text: Maren Ziegler
Foto: Jan Ott

Schnellfickerhose
Text: Johannes Engelke
Foto: Jan Ott

Scout
Text: Jacob Thomas
Foto: Jan Ott

ShowView
Text: Jacob Thomas
Foto: picture alliance/dpa Themendienst/Andrea Warnecke

Slinky
Text: Johannes Engelke
Foto: fotolia/Silkstock

Snakeboard
Text: Jacob Thomas
Foto: Jan Ott

Stickeralbum
Text: Maren Ziegler
Foto: Jan Ott

Super Nintendo
Text: Johannes Engelke
Foto: istock/Blade_kostas, istock/nice-scene

SuperSoaker
Text: Jacob Thomas
Foto: Ullstein Bild/Fabian Posselt

Tamagotchi
Text: Johannes Engelke
Foto: Jan Ott

Tattoo-Kette
Text: Maren Ziegler
Foto: Jan Ott

Telefonkarte
Text: Karin Weber
Foto: stills-online.de

Tigerente
Text: Karin Weber
Foto: picture-alliance/dpa/Karl Mittenzwei

Transformers
Text: Johannes Engelke
Foto: http://news.tfw2005.com/2016/07/28/toys-alliance-mas-01-optimus-prime-mega-action-figure-official-images-320429, http://www.8backgrounds.com

Wallet Chains
Text: Johannes Engelke
Foto: REX/shutterstock/Adrian Fisk/PYMCA

Wendy
Text: Maren Ziegler
Foto: Egmont Ehapa Media GmbH
Icon: Freepik/www.flaticon.com

Yes-Törtchen
Text: Johannes Engelke
Foto: Jan Ott

Zackenhaarband
Text: Maren Ziegler
Foto: stills-online.de

Zaubertrolle
Text: Karin Weber
Foto: REX/shutterstock/Jim Ryce

Zitronenteepulver
Text: Maren Ziegler
Foto: Jan Ott
Icon: Vectors Market/www.flaticon.com

Zonk
Text: Johannes Engelke
Foto: kabel eins

Stichwortverzeichnis